George E. (George Edwin) Marks

Abhandlung über A. A. Marks' künstliche Glieder

George E. (George Edwin) Marks

Abhandlung über A. A. Marks' künstliche Glieder

ISBN/EAN: 9783743352872

Hergestellt in Europa, USA, Kanada, Australien, Japan

Cover: Foto ©ninafisch / pixelio.de

Manufactured and distributed by brebook publishing software (www.brebook.com)

George E. (George Edwin) Marks

Abhandlung über A. A. Marks' künstliche Glieder

— Vorrede. —

Das Verlangen nach einem in deutscher Sprache gedruckten Buche, in welchem unsere künstlichen Glieder beschrieben und illustrirt sind, ist zu Oesterem in allen Theilen der Welt, wo die deutsche Sprache gesprochen wird, laut geworden, und da unsere künstlichen Glieder in jedem Lande und unter jeder Nation Eingang gefunden haben, so ist dies Verlangen ein noch um so mehr gerechtfertigtes. Um diesem Verlangen nachzukommen, haben wir aus unserer „Abhandlung" die wichtigsten Theile ausgesucht, dieselben so viel als thunlich gekürzt und in den Nachfolgenden Seiten zusammengefaßt. Sollte irgend einer der Leser dieses Buches die in englischer Sprache gedruckten „Abhandlungen" zu haben wünschen, so werden wir ihm dieselben mit Vergnügen zusenden.

Die „Abhandlung" ist ein Buch von 430 Seiten groß-oktavo und über 300 Illustrationen enthaltend. Es enthält nahezu eintausend Zeugnisse von Personen, welche künstliche Glieder benutzen; von Aerzten, Chirurgen, von der Presse und anderen vertrauenswürdigen Quellen. Das Buch ist unbestritten das umfassendste und den Gegenstand erschöpfendste Werk, welches je gedruckt wurde.

Die nachfolgenden Seiten enthalten Illustrationen, Beschreibungen und Preise von künstlichen Gliedern, die für jede Art von Amputationen zweckmäßig sind. Sie enthalten ebenfalls Instruktionen über das Maßnehmen und die beste Methode nach welcher die Bestellung zu machen ist.

Die Abbildungen in den nachfolgenden Seiten tragen dieselbe Nummer wie in der „Abhandlung".

Um dies Buch so viel als möglich zu condensiren, haben wir die Besprechung der Apparate, Extensionen und Hülfsmittel für mißgestaltete, abgetrennte und in sonstiger Weise afficirte Beine, und Arme, ausgeschlossen. Wenn der Leser sich mit diesem Zweige der Industrie bekannt zu machen wünscht, so kann er sich direkt mit unserem Geschäfts-Comptoir in Verbindung setzen.

Es ist uns wiederholt die Versicherung zugegangen, daß nichts wohlthätiger für eine Person, welche eins oder mehrere Glieder verloren hat, ist, als die Zuversicht, daß dieses Gebrechen zum großen Theil gehoben werden kann. Das Buch, welches auf die Methoden hinweist, durch welche dies erreicht werden kann, wird ohne Zweifel ein willkommener Gast bei einer des Gebrauchs ihrer Glieder beraubten Person sein. Wir hegen den aufrichtigen Wunsch, daß diese wenigen Seiten diese Mission erfüllen mögen.

         A. A. Marks,
         701 Broadway, New York,
           U. S. A.

August 1. 1893.

Inhalts-Verzeichniß.

	Seite.
Vorrede	4
Künstliche Glieder (Rückblick)	7–8
Wie ich dazu kam, den Gummifuß zu erfinden	8–10
Beweisführung	10–12
Eine unbestrittene Thatsache	12
Künstliche Beine	12–13
Der neue Patentfuß	13–14
Beine für Schenkel-Amputationen	14–16
Hüftengelenk und Leibgurt	17–18
Beine für Kniegelenk-Amputationen	18–19
Knie-tragende künstliche Beine	19–22
Beine für Amputationen unterhalb des Knies	22–23
Beine für Amputationen unterhalb der Knöchelgelenke	23–28
Anweisungen zum Maßnehmen für ein oder zwei künstliche Beine	28–30
Trag-Gurte	30–33
Trag-Gurte für Damen	33–34
Trag-Gurte für doppelte Amputationen	34
Künstliche Arme	34–37
Arme für Amputationen des Schultergelenkes	37
Arme für Amputationen oberhalb des Elbogens	38
Arme für Amputationen in den Elbogengelenken	38
Arme für Amputationen unterhalb des Elbogens	39–40
Arme für Handgelenk-Amputationen	40–41
Theile der Hand	41–42
Eine Combination von Messer und Gabel für Personen, die nur eine Hand benutzen können	42–43
Anweisung zum Maßnehmen und zur Herstellung von Profilen für ein Paar künstlicher Arme	43–44
Wie ein künstlicher Arm oder ein künstliches Bein zu bestellen ist	44–45
Wie ein Gypsabguß zu nehmen ist	45–46
Künstliche Glieder passend angefertigt nach Maß ohne die Gegenwart des Patienten	47–48
Zahlungstermin	48
Garantie	48–49
Pensionäre der Ver. Staaten werden mit künstlichen Gliedern auf Rechnung der Regierung versehen	49–50

Inhalts-Verzeichniß.

Seite.

Amputationen, wünschenswer-
the Punkte und die Art der
Operationen, welche sich am
besten für den Gebrauch von
künstlichen Gliedern eignen. 50–52

Wie lange nach der Amputation
sollte ein künstliches Glied
angeschafft werden?...... 53

Kinder.................53–56

Socken für Stumpfe........ 56

Preis-Liste für baumwollene
oder wollene Socken........ 57

Zubehör zu den künstlichen Gliedern...................57–58

Wie Geldsendungen zu machen
sind..................... 59

Seite

Rühmliche Anerkennungen und
Diplome....... 59 60

Medaillen......... 61 64

Atteste, Zeugnisse und Empfeh-
lungsschreiben........... 64–80

Unsere auswärtigen Geschäfts-
verbindungen............. 80

Certificate.................80–86

Warnung................ 87

Krücken 88–90

Lehn- und Rollstühle für Invaliden. 90–93

Mit der Hand bewegliche Dreiräder..................93–94

Vergleichende Tabelle auslän-
discher Münzen........... 95

Bureau und Fabrik.......... 96

Künstliche Glieder.

Herr A. A. Marks begann seine Arbeiten in der Herstellung künstlicher Glieder im Anfange des Jahres 1853 in kleinem anspruchslosem Maße, als nur zwei Fabrikanten in dieser Branche hier in Amerika bekannt waren und zu einer Zeit, als der Bedarf für künstliche Glieder so äußerst gering war, daß derselbe kaum eine Ermunterung für den gab, dessen Streben es war, den Zustand derer zu bessern, die durch Unfall oder auf andere Weise des Gebrauchs ihrer Gliedmaßen beraubt waren. Die ersten Erzeugnisse, welche von Herrn Marks geliefert wurden, waren geniale und einzig in ihrer Art. Seine künstlichen Beine enthielten Bewegungen im Knöchel und Fuß, wie sie vor ihm noch kein Erfinder versucht hatte. Das Knöchelgelenk seiner Erfindung hatte äußere und innere Bewegung, welche sich den Willen, der Gewohnheit oder der Bequemlichkeit des Trägers anzupassen im Stande waren. Ebenso hatte es Seitenbewegung, um es dem Träger zu ermöglichen, plattfüßig auf wackligem Boden zu stehen. Die Spannung der Feder war ebenfalls regelungsfähig und für den Fall der Abnutzung durch längeren Gebrauch war durch die Anziehung von Schrauben gesorgt. Diese einzig in ihrer Art dastehende Knöchel-Combination war sinnreich erdacht und wurde mit Freuden begrüßt. Die Presse sowohl wie chirurgische Capacitäten sprachen sich höchst günstig darüber aus und in der Ausstellung des American Institut in 1859 wurde dieselbe mit der silbernen Medaille gekrönt.

Hier sollte auch der früheren Experimente gedacht werden, welche versuchten, irgend eine Substanz außer Holz für den oberen Theil des künstlichen Beines, welcher den Stumpf umschließt und den wir Hülse nennen wollen, zu finden. In 1854 benutzte Herr Marks die biegsame Lederhülse, ungefähr ähnlich der Methode, wie sie in Frankreich und bei einigen amerikanischen Fabrikanten gebräuchlich ist. Der Theil der Hülse, welcher den Stumpf einschließt, war aus Leder hergestellt und so arrangirt, daß durch das Anziehen verschiedener Schnüre der Durchmesser der Hülse verringert werden konnte, zur Bequemlichkeit des zusammengeschrumpften Stumpfes. In der Theorie war diese Hülse vorzüglich aber in der Praxis wurde dieselbe ungeeigneter als Holz befunden. Sie besaß nicht die nöthige Straffheit, um dem stetigen Gewicht des Trägers zu widerstehen; das Leder oder dessen Fütterung absorbirte die Ausdünstung und wurde mulsterig und was noch schlimmer war, die Gelenke wurden durch das Zusammenziehen der Umschließung aus ihrer Lage gebracht. Die Leder-Hülse wurde deßhalb verworfen und mit Hülsen von rohem Fell Versuche angestellt, welche ebenfalls erfolglos waren. Nachher wurde harter Gummi angewandt, aber dieser erwies sich als zu zerbröckelich. Es zeigte dies durch verschiedene Experimente zur Genüge, daß Holz die größten Vorzüge besitze. Herr Marks adoptirte es und hat dasselbe seither ausschließlich für den Theil des Beines verwandt, welcher den Stumpf umschließt.

In 1861 zeigten die Knöchelgelenke auf welche der Erfinder sein besonderes Augenmerk gerichtet, Nachgiebigkeit und Schwäche. Obwohl dieselben darauf berechnet waren, der gewöhnlichen Anspannung beim Gehen und sonstigen Bewegungen zu widerstehen, ereignete es sich trotzdem öfters, daß bei einiger Unvorsichtigkeit des Ge-

oder außer Ordnung geriethen, einerlei wie stark diese Gelenke hergestellt waren. Es zeigten sich immer höchst unangenehme Folgen, wenn nicht gar ein gänzlicher Bruch eintrat. Zuweilen machte sich ein Quieksen oder Knarren hörbar; einige Theile bedurften des Ölens; Schnüre mußten erneuert oder Federn reparirt werden; immerhin kleine lästige und unangenehme Störungen um dem Träger Verdruß zu bereiten, namentlich wenn er den Wunsch hegte, die Existenz des künstlichen Beines oder Fußes zu verheimlichen.

Ein alter Patron des Knöchelgelenkes erzählt die folgende Geschichte, welche ohne Zweifel thatsächlich die Erfahrungen Vieler schildert, welche sich künstlicher Glieder bedienen.

„Ich entfernte mich morgens von Hause um ein wichtiges Geschäft abzuwickeln. Ich war noch nicht weit gegangen, als das Knöchelgelenk meines künstlichen Beines sich meldete und nach Ölung verlangte. Mein erster Gedanke war, es unbeachtet zu lassen, aber das Quieksen wurde lauter und so auffallend, daß ich fürchtete, Aufmerksamkeit zu erregen, welches für einen einigermaßen nervösen Mann zu Zeiten eine unbeschreibliche Unannehmlichkeit bildet."

„Ich begab mich in eine Apotheke, wo ich oberflächlich bekannt war und ersuchte den Besitzer, mir den Eintritt in sein Privatzimmer zu gestatten und mich mit etwas Öl und einem Schraubenzieher zu versehen. Es benöthigte die Zeit von einer Stunde, um den Fuß auseinander zu nehmen, die Theile zu ölen und wieder zusammenzusetzen. Ich setzte meinen Weg bis zu einer kleinen Strecke von meinem Bestimmungsorte fort, als ich einen falschen Tritt auf die Zehen meines künstlichen Fußes machte und die Hackenschnur zerriß. Dies geschah in einem Augenblicke, als das Gewicht des Körpers schwer auf den Zehen ruhte und die Folge war die Zersplitterung der vorderen Seite des Knöcheltheiles."

„Ich rief einen Wagen herbei und mit Hülfe eines in der Nähe stehenden Mannes wurde es mir möglich gemacht in das Gefährt hineinzuhumpeln. Der Platz wo dies passirte war von Fußgängern sehr belebt und wie das so ist, sammelte sich bald eine neugierige Menge Leute um mich her, welche mich mit mitleidigen Mienen betrachteten, was mir höchst unangenehm war. Statt meine Geschäfte zu besorgen, schickte ich eine die Umstände erklärende Nachricht ab und ließ mich nach Hause fahren. Hier war ich genöthigt, mich drei Tage zu langweilen, bis mein Bein reparirt und mir wieder zugestellt werden konnte."

Vorfälle dieser Art überzeugten Herrn Marks, daß die Knöchelgelenke noch einer großen Vervollkommnung bedurften und daß Verbesserungen von ganz durchgreifendem Charakter dringend nothwendig seien.

Einige Jahre wurden mit erfolglosen Experimenten hingebracht. Es war allerdings möglich, die Knöchelgelenke stark zu machen, aber sie wurden dadurch so schwer, daß der Gebrauch für den Träger eine Last war.

Die Erhöhung des Gewichts war also vorweg ausgeschlossen, und hier zeigten sich nun gegeneinander wirkende Umstände, welche Herrn Marks in nicht geringe Verlegenheit setzten, aus welcher ihn nur das gänzliche Aufgeben der Art und Weise der bis dahin fabrizirten Knöchelgelenke retten konnte.

Das Nachfolgende ist den früheren Aufzeichnungen des Herrn Marks entnommen:

Wie ich dazu kam, den Gummi-Fuß zu erfinden.

„Der Leser muß vorweg im Auge behalten, daß ich bereits seit zehn Jahren künstliche Beine nach der alten Methode, mit Knöchelgelenken, Holzfüßen u. s. w. fabrizirte, bevor ich den Gummifuß einführte.

„In den letzten Jahren hatte sich eine förmliche Abneigung in mir gebildet gegen die angewandte Art und Weise der Konstruirung des hölzernen Fußes mit mechanischen Gelenken am Knöchel und an den Zehen und ich beschäftigte mich mit der Idee, einen Gummifuß herzustellen. Da aber kam ich in Verlegenheit den richtigen Weg zu finden, die übrigen nöthigen Theile anzubringen, denn ich war noch immer der Ansicht, daß ein Knöchelgelenk unbedingt nothwendig sei. Während ich nun meine Gedanken mit der Lösung dieses Problems beschäftigte, besuchte mich ein alter Patient, welcher ein Bein nach seiner eigenen Idee gemacht zu haben wünschte. Der Patient hatte schon lange Zeit an einem reizbaren und krankhaften Stumpf gelitten, welcher eiterte und wodurch die Schnüre, Gelenke und Federn jedes künstlichen Knöchelgelenkes, welches er bisher benutzt, verdorben wurden. Er fragte mich kurz und bündig, ob ich ihm ein Bein machen wolle, dicht und fest am Knöchel. Gleichzeitig erklärte er mir, daß er arm sei und nicht die Ausgaben erschwingen könne, um die Schnüre, Federn und Gelenke in seinem künstlichen Knöchelgelenk so oft repariren und erneuern zu lassen. „O ja", sagte ich, „das kann auf die Weise bewerkstelligt werden, wenn man die Schnüre auswärts des Beines und inwendig eine Schutzdecke anbringt." Er erwiderte schnell, „ich meine, Sie sollen mir ein Bein ohne irgend welche Schnüre oder Knöchelgelenk machen, vollkommen steif am Knöchel." Auf dieses hin machte ich die Bemerkung „Nein, lieber Freund, das würde für Sie nutzlos sein."

„Er blieb indeß bei seiner Ansicht und nach längerem Argumentiren erlangte er von mir das Versprechen, den Versuch machen zu wollen. Während ich mit dieser Arbeit beschäftigt war, hatte ich stets meine Gedanken auf die Verbesserung gerichtet und es kam mir nicht aus dem Sinn, daß meine besten Arbeiter darauf bestanden, ihre Hackenschnur so straff zu spannen, bis dadurch faktisch jede Bewegung im Knöchel gehemmt war. Auf dies hin begann ich die Frage, ob ein Knöchelgelenk von Nutzen sei, ernstlich zu erwägen.

„Das Bein wurde nach den eigenen Ideen des Mannes verfertigt. Die Weise in welcher er daherging, die Elastizität seiner Bewegungen und Sicherheit seines Schrittes, das Entzücken, welches er bekundete in der Erfüllung seiner Hoffnungen,— ein künstliches Bein zu besitzen, welches den Anforderungen seines krankhaften Stumpfes entsprach—überzeugten mich, daß durch Hinzufügung des Gummifußes das große Problem, die Herstellung eines starken, leichten, dauerhaften und bequemen Beines in dem Bereiche meiner Macht lag.

„Sogleich machte ich mich an die Herstellung und Entwickelung des Gummifußes und nahm ihn sofort in Angriff. Zuerst versah ich mit demjenigen alte hölzerne Beine, welche der Reparatur bedurften, indem ich die hölzernen Füße mit Gummifüßen vertauschte.

Der Gummifuß ließ in der ersten Zeit noch viel zu wünschen übrig, er erschien gegen jetzt plump und unbeholfen, er hatte allerdings seine Vorzüge, aber harrte noch größer Verbesserung und es verging ein Zeitraum von fast zwanzig Jahren, ehe er zur rechten Vervollkommnung gelangte.

Während dieser Versuchsperiode wurden vielerlei Gummifüße an hölzerne Beine von anderen Fabrikanten gefertigt. In allen Fällen, wo der Träger sich an die Neuheit durch längeren Gebrauch gewöhnt hatte, gewann der Gummifuß an Beliebtheit und es war vorauszusehen, daß demselben eine große Zukunft bevorstand.

Trotz der absprechenden Urtheile und Zweifel über seine Brauchbarkeit und trotz der heftigsten Oppositionen welchen er begegnete und mit welchen er zu kämpfen hatte, ist er dennoch siegreich gewesen und hat sich Tausende zu Freunden gemacht, welche früher der alten Fabrikation zugethan waren.

Männer, Frauen und Kinder gehen, laufen, fahren auf Schlittschuhen, tanzen und beschäftigen sich zur Verwunderung Anderer; es werden Leistungen mit solcher Natürlichkeit ausgeführt, die man sonst für unmöglich hielt. Der Bauer führt seinen Pflug mit Benutzung des Gummifußes; der Schmied verrichtet seine Arbeit an Ambos und Esse mit dem Gummifuß; der Matrose erklettert die Takelage; der Zimmermann baut Häuser; Männer und Frauen gehen ihren gewöhnlichen Geschäften nach, ohne durch ihr Leiden als Krüppel gehindert zu sein; sie alle fühlen die Wahrheit der Thatsache, daß der Gummifuß zuverlässig und stark ist und ihnen die Verrichtungen aller Arbeiten ermöglicht und befördert, einerlei, welche Schwierigkeiten sich in den Weg stellen. Keine Riemen, welche sich strecken oder zerreißen; keine Federn, welche ihre Spannkraft verlieren; keine Gelenke, welche quitschen oder für das Ohr unangenehmes Geräusch machen.

Beweisführung.

Die Bewegungen des Gummifußes sind annähernder so wie die eines natürlichen Fußes beim Gehen oder Laufen, was bei den Bewegungen eines mechanischen Knöchelgelenkes mit Holzfuß nicht der Fall ist.

Betrachten wir genau die Thätigkeit des natürlichen Knöchelgelenkes beim Gehen oder Laufen unter gewöhnlichen Umständen, so werden wir von der Thatsache überzeugt sein und bemerken, daß die wesentliche Bewegung im Gelenk in allen Fällen eine begrenzte ist, und umsomehr, je rascher ein Mensch geht bis ein sehr schnelles Tempo erreicht ist. Wie im Laufen, wo die Thätigkeit des Knöchelgelenks nur darin besteht, das Gewicht des Körpers von den Zehen des einen Fußes auf die Zehen des Anderen zu werfen. Zu allen Zeiten ist die natürliche Bewegung unter Controlle und Regelung des Willens. Das Auge telegraphirt nach unserm Gehirn die besonderen Eigenschaften der Fläche, auf welche der Fuß treten muß; der Wille antwortet darauf, indem er die Thätigkeit der betreffenden Muskeln demgemäß regulirt, und der Gang ist graziös, natürlich und sicher. Wenn die Wechselseitigkeit zwischen Verstand und Fuß aufhört, so ist es unmöglich, solche Resultate zu erzielen.

Ein Mann mit einem künstlichen Bein und Knöchelgelenk ist dem Menschen zu vergleichen, der die Controlle über seinen natürlichen Fuß verloren hat; jeder Schritt auf dem Boden wird mit einer gewissen Furcht und Unsicherheit ausgeführt, weil keine Willenskraft die Bewegungen des Fußes leitet; ein Steinchen oder eine Unebenheit des Bodens raubt ihm das Gleichgewicht; dahingegen ist jeder Schritt mit Gummifuß und straffem Knöchel fest und sicher, kein Strecken oder Wackeln um die richtige Thätigkeit außer Ordnung zu bringen. Beobachtet einen Mann mit natürlichen Füßen in seinem gewöhnlichen Gange:

Während er den linken Fuß vorwärts setzt, hebt er sich auf die Zehen seines rechten.

Kaum berührt er den Boden mit dem Absatz des linken Fußes, so giebt er dem Körper schon einen Vorschwung mit den Zehen seines rechten; der Ballen des rechten Fußes berührt nicht eher den Boden bis der gegebene Vorschwung den Körper beinahe vertikal über den linken Fuß gebracht hat. In diesem Moment ist sein rechter Fuß, welcher sich vom Boden erhoben hat, im Begriff den linken zu passiren; wenn er dem linken weitgenug vorangesetzt ist, berührt der Absatz den Boden in dem Augenblicke, wenn der linke Fuß sich auf den Ballen erhebt, und der rechte Fuß ruht mit der ganzen Sohlfläche am Boden, wenn der linke sich erhebt und im Begriff ist den rechten zu passiren.

Dies wiederholt sich bei jedem Schritte des fortgesetzten Ganges.

Es sollte hier auch bemerkt werden, daß während dieser Bewegungen die Fußsohle nur auf sehr kurze Zeit den Boden voll und ganz berührt, und zwar in den Augenblicken, wenn der Körper sich direkt über dem Bein befindet.

Der Träger eines künstlichen Beines mit mechanischem Knöchelgelenk berührt, wenn er geht, den Boden mit dem Absatz; die Zehen folgen beinahe gleichzeitig und die Sohlfläche bleibt auf dem Boden während der ganzen Zeit in welcher der Körper über den Fuß passirt; der Absatz hebt sich nicht sogleich und der Träger hat sich anzustrengen, um „vom Fuße" zu kommen. Diese Anstrengung ist eine weitere Last, sie verursacht Schwerfälligkeit und Mattigkeit und nimmt die Kräfte des Trägers über Gebühr in Anspruch.

Nun das Gegentheil: Der Träger des Gummifußes avancirt mit dem Absatz; das Gewicht des Körpers steht im richtigen Verhältniß mit dem Gummifuß und übt auf diesen den nothwendigen Druck aus, um die Fußsohle auf den Boden zu bringen, wenn der Körper sich nahezu über dem Bein befindet; indem der Körper sich dann vorwärts bewegt, wird das Gewicht desselben von dem Absatz auf die Zehen geworfen; der Absatz, der so vom Gewicht befreit ist, gewinnt wieder, infolge der Elastizität, seine ursprüngliche Form; dies trägt dazu bei, den Körper nach vorwärts zu drängen; der Absatz hebt sich in fortgesetzter Bewegung bis der Schritt nahezu vollendet ist, wenn der Träger gleichzeitig in solche Position versetzt ist, in welcher er das Körpergewicht vorwärts auf den Ballen des Fußes wirft. Dies giebt dem Körper einen Antrieb und drängt ihn zum Gehen.

Ein Vergleich zwischen den Methoden in der Herstellung künstlicher Beine mit und ohne Knöchelgelenke wird zeigen, daß die Zeit, in welcher die volle Fußsohle auf dem Boden ruht, bei dem künstlichen Knöchelgelenk größer ist, als bei dem natürlichen Fuße, während die Zeit bei dem Gummifuße mit steifem Knöchel annähernd dieselbe, möglicherweise noch etwas geringer ist.

Wenn der Leser sich die Mühe nimmt hierüber im Ganzen und in allen Einzelheiten nachzudenken, so muß er zu dem Schluß gelangen, daß die Art und Weise, wie wir künstliche Beine herstellen, Vorzüge aufweist wie keine andere; er wird begreifen, warum ein Mann mit einem Gummifuße weiter und schneller gehen kann, wie der, welcher ein Bein mit Knöchelgelenk trägt, welches die volle Fußsohle länger am Boden hält, als die Natur ihrem kunstvoll geschaffenen Fuße erlaubt.

Während des Stehens auf dem Gummifuße ruht der Fuß mit voller Fußsohle am Boden und da der Knöchel keine Vergliederung besitzt, so existirt eine große das Gleichgewicht haltende Fläche; also kann ein Mann mit zwei Gummifüßen bequem und mit Anstand, mit völliger Sicherheit stehen; es ist unnöthig für ihn, den einen Fuß in rechtem Winkel zu dem anderen zu setzen um sich mit Sicherheit aufrecht zu erhalten.

Der Gummifuß ist für den Arbeiter ein guter, zuverlässiger Ersatz auf den er sich lehnen kann, um das andere Bein ruhen zu lassen, ohne befürchten zu müssen, daß irgend eine unbedachte Bewegung ihm Schaden bringen kann.

Einer der Befürworter unseres Gummifußes, ein Anstreicher von Profession, sagt: „Ich kann mit voller Sicherheit eine Leiter ersteigen oder auf einem Gerüst stehen. Ich kann meine ganze Aufmerksamkeit auf meine Arbeit richten, und ganz vergessen, daß ich auf einem künstlichen Beine stehe, ohne mein Leben in Gefahr zu bringen. Ein Knöchelgelenk-Bein würde mich unsicher machen und beim Ersteigen einer Leiter müßte ich mich mehr auf den sichern Griff meiner Hände verlassen als auf meinen Fuß; mit einem Gummifuß aber und steifem Knöchel fühle ich mich absolut sicher."

Der Farmer, welcher auf dem Felde arbeitet, kann mit dem Gummifuße sicher dahinrollen über Steine und Klumpen; die Ansammlung von Lehm und Schmutz an seinem Schuh wird seine Zehen nicht beeinflussen und ihn weder straucheln noch fallen machen; unebener Boden wird ihn nicht aus dem Gleichgewicht bringen oder für den Stumpf einen plötzlichen schmerzlichen Stoß verursachen.

Diese Argumente oder Beweisführungen, wir sind davon überzeugt, sind im höchsten Grade überzeugend und zu Gunsten des fleisen Knöchels und des Gummifußes. Wir unterbreiten dieselbe der Erwägung des aufmerksamen nachdenkenden Lesers.

Eine unbestrittene Thatsache.

Das schwerwiegendste und unumstößliche Argument zu Gunsten der Prinzipien, welche in der Herstellung des Gummifußes niedergelegt sind, ist die Thatsache, daß zur Zeit in der vorliegende Schrift abgefaßt ist, mehr als vierzehntausend der Gummifüße in allen Theilen der Welt vertheilt im Gebrauch sind. Diese gewaltige Armee der hergestellten Personen bestätigen der Welt den höchst zufriedenstellenden Gebrauch und die überraschenden Leistungen, welche sie mit ihrem Gummifuß fähig sind zu vollbringen.

Die enthusiastischsten unserer Fürsprecher sind diejenigen, welche früher das Knöchelgelenk-Bein verschiedener Sorten benutzt haben; sie alle, ohne Ausnahme, sagen, daß wenn der Gummifuß und der Knöchelgelenk-Fuß mit einander hinsichtlich ihrer Fähigkeit die Wünsche ihrer Träger zu befriedigen, verglichen werden, der Gummifuß überwältigende und alles überwiegende Vortheile besitzt.

Ueber vierzehntausend Personen, welche jede Nationalität, jedes erdentliche Geschäft, beider Geschlechter, jede Lebensstufe und gesellschaftliche Stellung repräsentiren, benutzen Gummi-Gliedmaßen mit Natürlichkeit und Bequemlichkeit, mit vollständiger Verheimlichung ihres Fehlers und genießen ein Ansehen dessen sie sich nur durch den Gebrauch des Gummifußes oder der Gummihand erfreuen können. Ist es möglich, daß der Leser noch mehr schlagende Beweise und mehr überzeugende Argumente verlangen kann, als diese nackten Thatsachen? Ist nicht solche Beweisführung endgültig und genug, um jeden Zweifel zu heben? Wenn sie es nicht ist, dann kann man sagen daß der Verstand vom Vorurtheil besiegt ist.

Künstliche Beine.

Gemächlichkeit und Bequemlichkeit für den Träger, Natürlichkeit und Elastizität in den Bewegungen, Dauerhaftigkeit in der Construktion und Sicherheit in der Behandlung sind die Hauptbedingungen, welche an ein künstliches Bein gestellt werden; irgend ein künstliches Bein, welches einen dieser Anforderungen nicht entspricht, ist unvollkommen und sollte nicht benutzt werden. Wir beanspruchen, daß unsere künstlichen Beine mit Gummifüßen jede der oben angeführten Vorzüge im höchsten Grade besitzen im Gegensatze zu denen, welche nach der alten Methode mit complicirtem Knöchelgelenk fabricirt werden. Das Bein ist in erster Linie gefertigt, daß es dem Stumpfe genau paßt, damit die größte Bequemlichkeit gegeben wird; das Kniegelenk und der elastische Fuß ermöglichen dem Bein eine freie und elastische Bewegung; diese Bedingungen sind so mit einander verbunden, um die größte Dauerhaftigkeit zu erzielen.

Die Abbildung No. 106 repräsentirt den Gummifuß, wie er ursprünglich erfunden und in 1863 patentirt wurde.

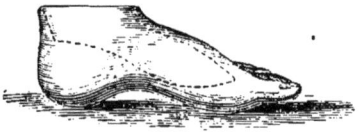

No. 106.

Derselbe war meist aus Gummi, sehr schwammigen, leichten und elastischen Charakters, gefertigt. Ein Stück Holz, welches den hinteren und oberen Theil des Fußes beinahe füllte, gab das Mittel mit welchem der Fuß mit dem Bein verbunden wurde; dieses Verbindungsmittel erstreckte sich abwärts etwa zweidrittel der Entfernung vom Knöchel bis zum Boden des Absatzes, dann hinunter und vorwärts bis zu einem entsprechenden Punkte der Zehenbewegung eines natürlichen Fußes, wie in der Illustration mit punktirter Linie angedeutet ist. Dies ist die Art der Gummifüße, wie sie jetzt von solchen unserer Concurrenten als künstliche Beine mit Gummifüße angezeigt und angepriesen werden. Es wurde durch Prüfung festgestellt, daß in Fällen, wo der Träger das Körpergewicht auf den Zehen ruhen ließ, dieselben nicht immer in ihre richtige Position zurücksprangen. Um diesen Fehler zu beseitigen, befestigten wir Streifen starken Segeltuchs am Block wie in Figur 107 gezeigt wird.

Diese Streifen Segeltuchs sind auf beiden Seiten auf chemischem Wege mit Gummi versehen und mit den übrigen Theilen des Fußes vulkanisirt.

Der neue Patent-Fuß.

No. 107.

Der Zweck dieser Verbesserung ist nicht allein, eine größere Dauerhaftigkeit des Fußes zu erzielen, sondern giebt auch den Zehen eine bessere Federkraft und veranlaßt dieselben in ihre richtige Position mit Sicherheit zurückzugehen.

Einiges Nachdenken wird überzeugen, daß infolge dieser Segeltuchbekleidung zwei Kräfte bei jeder Bewegung der Zehen erzeugt werden: die eine wirkt im rechten Winkel auf die Bekleidung, die andere längswegs und zusammentreffend mit derselben; diese beiden Kräfte vereinigen sich zu einer mittleren Kraft und einer enormen Stärke, welche die beabsichtigte Wirkung hat. Diese Verbesserung beseitigt erfolgreich die einzige Unvollkommenheit des Gummifußes, wie er ursprünglich gefertigt wurde, über die unsere Concurrenten sich so oft verächtlich ausgesprochen. Special-Patente sind für diese Form von den Ver. Staaten bewilligt worden. Diese Patente sind heute noch in voller Rechtsgültigkeit.

Künstliche Beine, welche hier beschrieben sind, werden sorgfältig so verfertigt, daß sie der Person genau passen; entweder nach mit dem Träger persönlich vorgenommenem Anpassen oder nach dem von ihm gelieferten Maße.

Beine für Schenkel-Amputation.

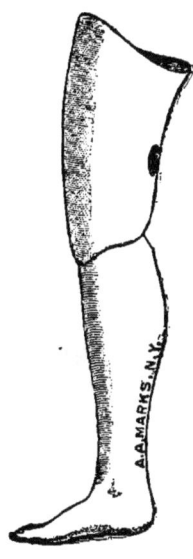

No. 108.

Die Illustration No. 108 zeigt die Seitenansicht eines Beines, welches passend ist für eine Amputation, die an irgend einer Stelle oberhalb des Knies vorgenommen wurde. Der zu diesem Bein verwendete Stoff besteht aus Weidenholz, sowohl die obere wie die untere Sektion. An das Bein schließt sich am Knöchel der Gummifuß fest an. Die Schenkel-Sektion, die Hülse, ist so ausgehöhlt, daß der Stumpf in dieselbe bequem hineinpaßt; sie wird dann außen so bekleidet, daß sie die Form eines natürlichen Beines erlangt.

In Fällen, wo der äußere Theil des Schenkels (femur) theilweise mit amputirt wurde, wird auf's sorgfältigste verhütet, daß das Ende des Stumpfes nicht in Berührung mit dem Boden oder den Wänden der Aufnahmehöhlung kommt, ausgenommen in Fällen, wo eine starke Beinhaut (periosteum) vorhanden ist, welche die Extremität der Außenseite des Schenkels und die Zellengewebe, soweit sie nicht mit den Knochen zusammenhängen, bedeckt, so daß diese schon an und für sich eine bequeme und durchaus ungefährliche Unterlage bildet, um darauf zu ruhen.

Es ist unsinnig daran zu denken auf den Stumpf einen Druck zu gestatten, wo diese Bedingungen nicht existiren.

Im Allgemeinen ruht das Gewicht des Körpers auf dem hinteren Rande der Hülse, welche genügend dick und schrägkantig gearbeitet ist, daß das Gesäß auf demselben bequem ruhen kann.

Einige Fabrikanten fertigen die Hülse für Schenkelamputationen so, daß das Gewicht des Körpers auf den Rand der Hülse ruht, welcher in Berührung mit dem perinaeum oder der Schamleiste kommt. Wir sind Gegner dieser Methode und zwar erſtens deßhalb, weil dies ein zu reizbarer Theil iſt, um ein Gewicht zu tragen; zweitens, weil die Belaſtung dieſes Theiles den Träger veranlaßt ſeine Beine zu ſpreizen und ſperrbeinig zu gehen; und drittens, weil es durchaus nicht nothwendig iſt.

Das Geſäß iſt von der Natur theilweiſe dazu auserſehen, das Gewicht zu tragen und es erſcheint uns deßhalb als recht und billig, dieſe Thatſache im Auge zu behalten. Wenn die Extremität des Stumpfes genügend durch unabhängige Zellengewebe geſchützt iſt und der Träger vermag ſein ganzes Gewicht auf dem Rande zu tragen, ohne daß es ihm Schmerzen bereitet, ſo benutzen wir dieſen Stand der Dinge, ein weiches Polſter oder eine Wattirung in der Innenſeite der Hülſe in benöthigter Dicke anzubringen, um ſo viel vom Gewicht aufzunehmen, als unter den Umſtänden zweckdienlich erſcheint.

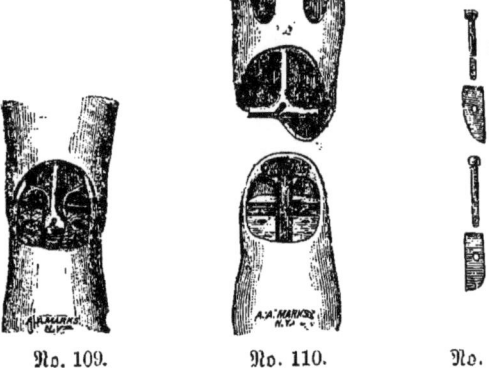

No. 109.   No. 110.   No. 111.

Abbildung No. 109 zeigt die Rückanſicht des Kniegelenkes von allen Beinen wie ſie mit No. 108 bezeichnet ſind. Seine Einrichtung iſt einzig in ſeiner Art und iſt von den Ver. Staaten ſpeciell patentirt worden.

Abbildung No. 110 zeigt daſſelbe Gelenk mit allen Theilen zur Anſicht gebracht. Das Gelenk hat die Form eines umgekehrten T, deßhalb ihm auch der Name T-Gelenk gegeben iſt. Dieſes Gelenk iſt aus widerſtandsfähigem Flintenſtahl, aus einem Stück Metall geſchmiedet. Die hervorſtehenden Arme des T ruhen in einer kaſtenartigen Umhüllung und werden von zwei aus hartem Holz gefertigten Kappen gehalten, welche wiederum durch zwei Stahlſchrauben, die durch das Bein laufen und in Schraubenköpfen endigen, geſichert ſind.

Der Invalide hat vollſtändige Gewalt über dieſes Gelenk; er kann, je nach Gefallen, die Träger loſer oder feſter machen und das Gelenk ganz nach Belieben in Thätigkeit ſetzen. Das Hebelende, welches vom Rücktheil des Gelenkes hervortritt, bewegt ſich auf einer Stahlfeder. Dieſe Feder, ſammt den dazu gehörenden Theilen, ſind durch No. 111 illuſtrirt. Die Thätigkeit dieſer Feder iſt zweierlei: ſie drängt den unteren Theil des Beines beim Gehen vorwärts und hält das Bein zurück, wenn das Knie, wie beim Sitzen, einen rechten Winkel bildet. Die Kraft der Feder kann vermehrt oder vermindert werden. Sollte der Träger nicht wünſchen, eine Feder im Knie zu benutzen, ſo kann er dieſelbe herausnehmen, ohne die Theile des Beines zu zerlegen oder zu ſchädigen. Wenn das Bein zuſammen und zur Thätigkeit in Ordnung iſt, ſo wird die Kniebewegung durch den Druck des Vertikalſchafts des Gelenkes gegen ein im Knie angebrachtes Polſter kontrollirt. Dieſes Polſter kann vom Träger dicker oder dünner gemacht und die Kniebewegung so eingerichtet werden, daß sie in irgend einem Winkel aufhört, nach Belieben des Trägers, oder um dieselbe dem niedrigen oder hohen Absatz am Schuh anzupassen.

Das Centrum der Bewegung dieses patentirten Knies ist rückwärts der Linie des Schwerpunktes, wenn der Träger sich in aufrechter Stellung befindet, placirt. Der Grund hierfür ist, das Knie gegen unerwünschte Biegung zu schützen.

Der Preis eines jeden ist $100.

Die nöthigen Anweisungen zum Maßnehmen findet man auf Seite 28.

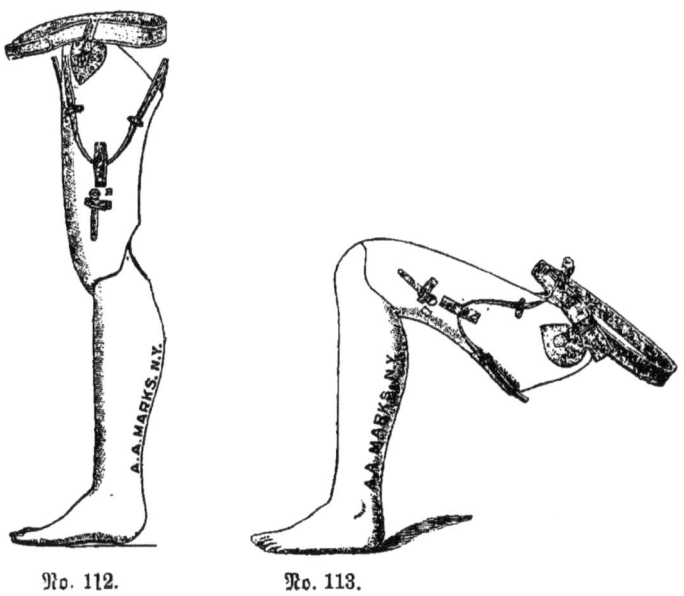

No. 112.   No. 113.

Abbildung No. 112 zeigt die Art eines Beines für Amputation über dem Knie mit einem Knieverschluß. Diese Einrichtung ist für Personen berechnet, welche ein steifes Knie beim Gehen oder Reiten vorziehen. Der Knopf B, welcher an dem Ende des Hebels angebracht ist, wird mit der Hand in die gewünschte Thätigkeit versetzt. Wenn dieser Hebel weit genug nach vorne placirt wird, um in den Hebel-Conductor einzufassen, so ist der Verschluß des Knies hergestellt und entzieht ihm die Möglichkeit der Bewegung; und umgekehrt, wenn der Hebel weit genug zurück placirt ist, um in einen zweiten Platz einzufassen, so giebt das dem Knie seine Beweglichkeit zurück und biegt sich in natürlicher Weise beim Setzen, wie in der Abbildung No. 113 veranschaulicht ist.

Der Knopf B ist groß, so daß er leicht durch die Kleidung hindurch gefunden und ohne Aufsehen zu erregen oder Unannehmlichkeit für den Träger gehandhabt werden kann. Wir versehen nicht jedes Bein mit solchem Schlußapparat, weil es in den meisten Fällen zwecklos ist; wir fügen es nur in solchen Fällen an, in denen wir durch den Besteller dazu aufgefordert werden.

In Fällen von sehr kurzem oder entnervtem Stumpf wird dieser Schlußapparat als vortheilhaft befunden werden. Wir machen keine Preiserhöhung für Beine mit diesem Knieverschluß, wenn derselbe thatsächlich als nothwendig erscheint.

Hüftengelenk und Leibgurt.

Die Illustrationen No. 112 und 113 zeigen unser hinzugefügtes Hüftengelent nebst Leibgurt, deren Zweck es ist, dem Körper Kontrolle über das Bein zu geben und dem Stumpf seine zu tragende Bürde in etwas zu erleichtern. Sie sind nur für den Gebrauch berechnet, wo der Stumpf schwach oder Kraft erforderlich ist, um einer entgegenwirkenden Tendenz des Stumpfes zu begegnen. Zum Beispiel ein Mann, der jahrelang auf Krücken geht, wird den Stumpf dadurch in einer Weise beeinflussen, daß derselbe im Herabhängen von der senkrechten Linie abweicht. Ein gewöhnliches Bein für einen solchen Stumpf würde zu sperrbeinigem Gang nöthigen und sowohl lästig wie unangenehm für den Träger sein; das Hüftgelent aber wird den Stumpf in regelrechte Linie bringen und in dieser festhalten, während das Bein in Thätigkeit ist. Die Hülse des Beines ist so verfertigt, daß sie hinreichend lang ist, um mit der Außenseite an die Hüftbewegung heranzureichen. Das Stahlgelenk ist mit A verbunden und bewegt sich auf einer Platte; ein Gürtel, welcher den Unterleib umschließt, hält das Gelent in seinem Platze. Dieses Hüftgelent wird nur auf Bestellung angebracht und wenn es ausnahmsweise nothwendig erscheint. Wir lassen keine Preiserhöhung eintreten, wenn es sich zeigt, daß ein solches Gelent den Umständen nach eine Nothwendigkeit ist. Neben dem Maß, wie es auf Seite 28 erklärt ist, tritt dann noch das Maß des Unterleibsumfanges hinzu.

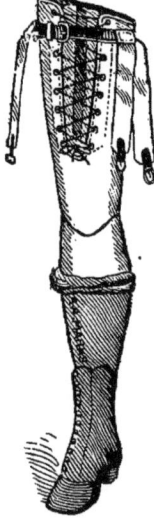
No. 114.

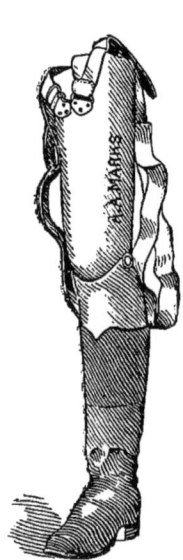
No. 115.

Abbildung No. 114 zeigt ein Bein mit geschnürtem Schenkelstück, welches für Schenkelamputation berechnet ist, wo der Druck auf das Ende ausgeübt werden kann.

Die Frage mag hier aufgeworfen werden, warum wir nicht alle Hülsen für Schenkelamputation so fertigen, daß geschnürt und geregelt werden kann und auf diese Weise dem Zusammenschrumpfen des Stumpfes, welches sich stets bei längerem Gebrauch eines künstlichen Beines zeigt, Rechnung zu tragen? Unsere Antwort ist, daß in Fällen, wo das ganze Gewicht auf dem oberen Rande des künstlichen Beines ruht, die Schnür-Hülse nicht widerstandsfähig genug ist gegen das Gewicht des Trägers; wenn Gewicht vom Ende des Stumpfes getragen werden kann, sei es nun ganz oder theilweise, so ist es nicht nothwendig, den oberen Rand so widerstandsfähig zu machen, und in solchen Fällen kann ein Bein, wie es oben illustrirt ist, sehr wohl benutzt werden.

Preis und nothwendiges Maßnehmen gerade so wie für Bein No. 108.

Das T-Gelenk, welches in den bisher beschriebenen Beinen angewandt ist, kann nicht für Beine mit Schenkel-Amputation von großer Länge benutzt werden. Der mechanismus des T-Gelenkes erfordert einen Raum von ungefähr drei Zoll oberhalb des Centrums der Kniebewegung; wenn der Stumpf so lang ist, daß er einen Theil dieses Raums in Anspruch nimmt, so ist es entweder nothwendig, den künstlichen Schenkel länger als den natürlichen zu machen, oder das Bolzen-Gelenk, (welches später beschrieben werden wird) zu benutzen; da gegen ersterem Ausweg Einwendungen erhoben werden, so sind wir gezwungen, zu letzterem unsere Zuflucht zu nehmen.

Abbildung No. 115 zeigt ein Bein für Schenkel-Amputation bei welcher der Stumpf fast zum Kniegelenk hinunterreicht. Die Kniebewegungen sind gleich denen, welche durch das T-Gelenk erzielt werden; Der Mechanismus desselben ist in den Abbildungen No. 119-120 illustrirt.

Preis $100 jedes. Das nothwendige Maßnehmen ist auf Seite 28 erklärt.

Beine für Kniegelenk-Amputation.

Die Auseinanderfügung des Kniegelenkes geschieht in sehr verschiedener Weise. Bei manchen ist die Condyles (der Knochenkopf) verschnitten, bei anderen nicht; bei manchen sind die Zellengewebe unabhängig, bei anderen zusammenhängend, und das Resultat ist, daß bei manchen der Druck auf das Ende erträglich ist, bei anderen nicht. In Folge dieser verschiedenen Umstände ist es nothwendig, jeden Fall reiflich zu prüfen und danach zu handeln.

No. 116.   No. 117.

Abbildung No. 116 repräsentirt ein Bein für Knie-Auseinanderfügung, und zwar eine solche, bei welcher die Gelenkoberfläche der Condyles verschnitten, die Seiten aber unverletzt sind. Es ist nur selten möglich, dem Stumpfende einer solchen Amputation einen Druck zuzumuthen. Die Knollenbildungen der Seiten des Stumpfes geben diesem eine größere Durchschnittsdicke als der oberen Partie. Um nun den Stumpf, ohne daß ein nachtheiliger Reiz auf denselben ausgeübt wird, fest in der Hülse zu halten, ist es nothwendig, die Hülse so passend zu machen, daß dieselbe den Stumpf oberhalb der Condyles fest umklammert und zu gleicher Zeit der Condyles die freieste Bewegung gestattet.

Im Bein No. 116 wird der Stumpf von oben her eingelassen und durch die obere ringförmige Holz-Hülse, welche mit dem Hüftknochen, des ischium, und dem Becken, der pelvis, in Contakt kommen, ist Vorsorge getroffen worden, daß der Stumpf nicht zu weit hinabgeht. Nachdem der Stumpf eingelassen und in richtiger Stellung ist, werden die Schnüre fest angezogen und so der Stumpf sicher umschlossen gehalten.

Preis $100 jedes. Die Weise des nöthigen Maßnehmens ist auf Seite 28 näher beschrieben.

Die Illustration No. 117 repräsentirt ein Bein für gewöhnliche Kniezergliederung, bei welcher die Condyles nicht verschnitten, die Kniescheibe, oder patella, entfernt worden ist oder nicht, und das Gewicht der Person ganz oder theilweise vom Ende des Stumpfes getragen werden kann. Das Bein ist passend gemacht, um das Ende des Stumpfes bequem aufnehmen zu können, und zwar so, daß genügend Platz für die Seiten der Condyles gegeben und der Stumpf sicher gehalten werden kann, Die Hülse ist am Boden mit einem weichen Polster ausgestattet, auf welchem der Stumpf ruht. Die Tuberkeln an den Seiten der Extremität der femur, oder des Schenkelknochens, tragen wesentlich dazu bei, das Bein zu halten, ohne ganz auf die Schulterbänder angewiesen zu sein. Wenn nur ein Theil des Gewichts vom Ende des Stumpfes getragen werden kann, so ist die Schenkel-Hülse so hergestellt, daß sie gut an den Körper heranreicht und mit auswärts gebogener Kante dem Druck der Hüfte entgegentritt.

Preis für jedes, $100. Das nöthige Maßnehmen ist auf Seite 28 näher beschrieben.

Alle Fälle von Amputationen des Kniegelenkes werden in Betracht gezogen und Modifikationen der verschiedenen Arten von Beinen, welche in diesem Buche beschrieben sind, werden so fabrizirt, daß sie für alle nur möglichen Fälle auf's Beste, Bequemste und Zuverlässigste passen.

Knie-tragende künstliche Beine.

Zu der Klasse von Beinen, welche als knie-tragende bezeichnet werden, gehören alle diejenigen, bei welchem das Gewicht des Körpers auf dem Knie des Stumpfes ruht, während der Stumpf sich in biegsamen Zustande befindet.

Jeder hier folgende Fall erfordert ein knie-tragendes Bein:

Anchylosis oder Steifheit der Kniegelenke in gebogener Stellung.

Unheilbare Zusammenziehung der Streckmuskeln, welche die Bewegungen des Knies auf die Hälfte beschränkt.

In Fällen, wo die Länge des Schienbeins, der tibia, nicht hinreichend ist, um die Kniebewegungen eines künstlichen Beines controliren zu helfen.

Wir sind überzeugt, daß es in manchen Fällen schwierig ist, mit unerfahrenen Leuten übereinzukommen, welche Art eines Beines benutzt werden sollte, und daß gewisse Zustände des Stumpfes die Wahl schwierig machen; die oben angeführten Zustände werden indeß im Allgemeinen eine sichere Richtschnur bilden.

Es ist häufig der Fall, daß in Folge eines langen Nichtgebrauchs, oder wenn der Stumpf längere Zeit in einer gebogenen Stellung getragen wird, die Knie-Streckmuskeln sich zusammenziehen; diese Zusammenziehung ist manchmal sehr bedeutend und die Wiederherstellung zur vollen Thätigkeit ohne den Gebrauch des Messers sehr zweifelhafter Natur. In solchen Fällen sollte ein knie=tragendes Bein unbedingt benutzt werden, aber es läßt sich mit Sicherheit behaupten, daß in der Regel bei allen Zusammenziehungen auf die Hälfte der natürlichen Bewegungen oder noch geringeren, unser No. 123 Bein eine gewünschte, stetige und schmerzlose Dehnung der Streckmuskeln bewirkt und dieselben nach und nach sich strecken müssen, wodurch die volle Kniethätigkeit wieder erlangt wird. Ein künstliches Bein wird dies unter fast allen Umständen und ohne irgend eine andere Mithülfe bewirken, ohne Unannehmlichkeit oder Schmerz für den Träger.

Wenn die Länge des Stumpfes den Gegenstand der Ungewißheit oder des Zweifels bei der Auswahl der Art des Beines bildet, so mag folgende Probe gemacht werden: man biege den Stumpf und beobachte ob die Projektion vom hinteren Theile des Schenkels, oder die Distanz vom Kniekehlenraum bis zum Ende des Schienbeins, eine genügende widerstandsfähige Fläche bildet; anderthalb Zoll sind in der Regel hinreichend.

Wenn die Projektion weniger ist, dann sollte ein knie=tragendes Bein gewählt werden.

Abbildung 118 zeigt ein knietragendes Bein. Der obere Theil ist so gehöhlt, um den Stumpf bequem aufnehmen zu können; das natürliche Knie ruht auf einem Polster; das Gewicht des Trägers ruht auf dem Knie; der Stumpf, wenn sehr lang, erstreckt sich von der Rückseite der Hülse und wird durch starke Schnürung in seiner Lage festgehalten.

Das Bild zeigt das Bein am Knie etwas gebogen mit einem Druck auf den Ballen des Fußes, um die sich dem Druck fügende elastische Qualität des Gummis zu zeigen.

Vom Knie bis zum Fuß besteht das Bein aus Holz und ist so geschnitzt, daß es der Form eines natürlichen Beines so nahe kommt, als die Construktion dies erlaubt; es ist, um Leichtigkeit zu erzielen, gehöhlt, und mit Pergament überzogen, um es möglichst stark zu machen. Der Mechanismus des Knies mag durch folgende Abbildungen zum besseren Verständniß gebracht werden.

No. 118.

No. 119.

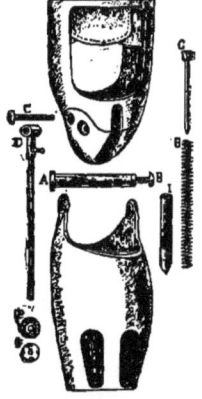
No. 120.

Abbildung No. 119 repräsentirt eine Ansicht des Knies mit allen zusammengesetzten Theilen und fertig zum Gebrauch.

Abbildung No. 120 zeigt dasselbe Knie mit allen Theilen separirt.

Der Bolzen A ist die Axe der Kniebewegung; derselbe ist aus Stahl hergestellt und geht durch die untere Extremität des Schenkels. Das eine Ende des Bolzens ist mit einer Randleiste versehen, während der andere viereckt ist; beide werden von einer Stahlplatte aufgenommen und durch die Schraube B gesichert. Der Bolzen wird so zu dem unteren Bein gehalten und ermöglicht es dem Schenkel sich auf demselben zu bewegen. Die Länge dieses Bolzens giebt eine große Tragfläche und verstärkt die Tragkraft; ein wenig Vaselin macht die Bewegungen leicht und sicher. Die Kniebewegung wird controllirt durch die Stange D, das obere Ende derselben bewegt sich um die Schraube C; das untere Ende passirt durch eine Brücke von hartem Holz, die sich in dem Wadentheile befindet; die weiche Scheibe E und die Stahlnuß F unter der Brücke und an die Stange angeschroben bewirken, daß die Kniebewegung geräuschlos vor sich geht und durch den Träger regulirt werden kann.

Die spiralförmige Feder H, in dem Cylinder I placirt, der im oberen Theile das Piston G aufnimmt, liefert eine bedeutende Federkraft und unterstützt das Knie in seinen Bewegungen. Diese Feder kann vom Träger geschwächt oder verstärkt werden.

Dies Kniearrangement ist in seiner Thätigkeit ähnlich dem, welches auf Seite 15 beschrieben ist und besitzt dieselben Vorzüge. Diese Methode der Herstellung eines knietragenden Beines sichert eine vorzügliche Stärke und excellente Kniebewegung; es hat nur einen Nachtheil, dadurch nämlich, daß der Mechanismus des Knies unterhalb des Stumpfes placirt ist, wird der Schenkel von zwei bis drei Zoll verlängert.

Die meisten Benutzer haben nichts dagegen einzuwenden, weil es kaum zu bemerken ist und der Vorzug der Dauerhaftigkeit überwiegt diesen Umstand des äußeren Ansehens, welches höchstens nur als mißlich bezeichnet werden kann. Wenn indeß wegen der Länge des Schenkels Einwendungen erhoben werden, und die Person ist geneigt, etwas von der Stärke einzubüßen, so kann das Seitengelenk statt des Bolzens benutzt werden, wie in der Abbildung 121. Die Centralbewegung des Gelenkes in

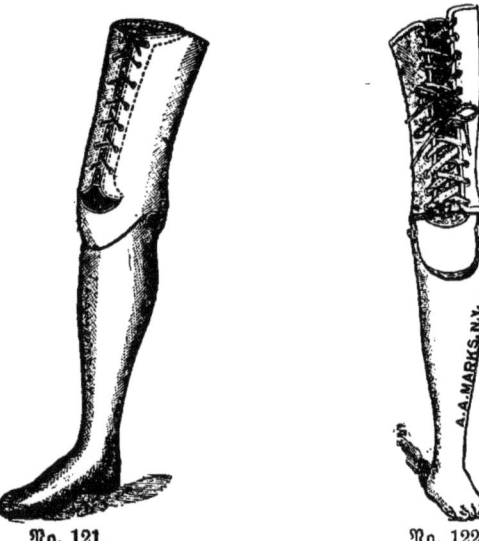

No. 121.   No. 122.

dieser Art von Beinen ist oberhalb der Fläche der unteren Knie-Extremität des Stumpfes placirt; dies läßt eine Kürzung des Hülsenendes nahe dem Knie des Stumpfes zu und ergiebt nahezu die Länge des natürlichen Schenkels. Der Mechanismus des Knies ist ausführlich in der Abbildung No. 124 beschrieben.

Knietragende künstliche Beine sind in ihrem Gebrauch sehr bequem und bei Personen, welche sie mit Stolz benutzen, werden die Bewegungen so natürlich, daß die Resultate höchst zufriedenstellend und günstig sind.

Der Preis eines jeden von No. 118 oder No. 121 ist $100. Die Art und Weise des Maßnehmens ist auf Seite 28 näher erläutert.

Abbildung 122 repräsentirt ein Bein, welches für Amputationen eine kurze Distanz unterhalb des Knies, mit verlängertem und anchylosem Stumpf bestimmt ist.

Die Schenkelhülse ist hergestellt aus Holz und Leder; dieselbe ist so gehöhlt, um den Stumpf bequem aufnehmen und denselben fest und sicher umschließen zu können.

Das ganze Gewicht der Person ist auf diese Hülse concentrirt durch den ausgeübten Druck auf den oberen Rand, welcher in Berührung mit der Hüfte kommt.

Der Stumpf abwärts vom Knie berührt keinen Theil des Beines.

In sitzender Stellung biegt sich das künstliche Bein in natürlicher Weise; indeß der Stumpf, weil steif und ungefügig, sich unterhalb des Beines erstreckt.

Preis $100 jedes. Das nöthige Maßnehmen ist auf Seite 28 näher beschrieben.

Beine für Amputationen unterhalb des Knies.

Jedes Bein, ausersehen für eine Amputation, die zwischen dem Knie und dem Knöchel gemacht wurde und der Stumpf vom Knie abwärts benutzt wird, um die Kniebewegung im künstlichen Bein zu kontrolliren, ist in dieser Klasse eingeschlossen.

Jeder Stumpf mit halber oder mehr Bewegung des Knies und anderthalb Zoll oder mehr hervortretend, wenn das Bein in einem rechten Winkel vom popliteal Punkte zum Ende gemessen, kann mit einem Beine dieser Klasse vortheilhaft versehen werden.

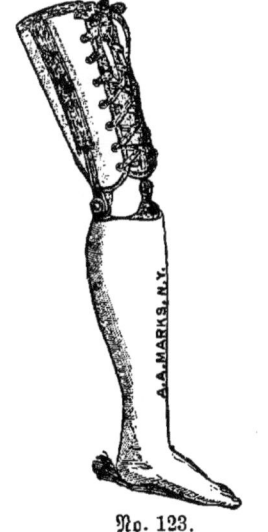
No. 123.

No. 124.

Abbildung 123 zeigt ein Bein für Amputation unterhalb des Knies, wie oben beschrieben. Vom Knie bis zum Gummifuß ist das Bein aus zähem, gedörrtem Weidenholz gefertigt und so ausgehöhlt, daß der Stumpf die richtige Aufnahme findet. Es ist an der Außenseite so gearbeitet, daß es so nahe als nur möglich die Form eines natürlichen Beines hat. Das Bein ist dann noch bekleidet mit Pergament oder Hirschleder um ihm mehr Festigkeit und Dauerhaftigkeit zu geben. Der Schen=

festtheil ist aus starkem, eichengegerbtem Leder hergestellt und hübsch überzogen. Die Kniegelenke sind aus Stahl gefertigt und zwar stark genug, um dem Gebrauch für Jahre hindurch zu dienen. Das Innere des Beines, sowohl über als unter dem Knie, hat die Form des Stumpfes. Dieser, wenn eingelassen, wird um den Schenkel herum so fest geschnürt, als nothwendig ist, um den Stumpf unbeweglich in seiner Lage zu halten.

Das Gewicht des Körpers wird theils vom Schenkel, theils von der vorderen, inneren und Rückseite der Oberfläche des Stumpfes, dicht unterhalb des Knies, getragen.

In Fällen von Hyperästhesie oder hoher Reizbarkeit des Stumpfes, wird das Gewicht einzig und allein vom Schenkel getragen.

Es ist selten der Fall, daß dem Ende des Stumpfes ein Druck zugemuthet werden kann, wenn die Amputation im Schaft des Knochens gemacht worden ist.

Abbildung No. 124 repräsentirt das Bein am Knie zergliedert, mit allen Theilen sichtbar. Die oberen Gelenke passen in die Fugen der unteren; ein Bolzen geht durch jedes und wird von einer Schraube in seiner Stellung festgehalten. Der Riemen, welcher sich vom Schenkeltheil abwärts erstreckt, heißt der Hemm-Riemen, und ist dem Bein deßhalb zugefügt, um die Kniebewegung zu hemmen und um das metallische Geräusch zu verhindern, welches erzeugt werden würde, wenn man sich auf die Hemm vorrichtungen in den Gelenken ganz allein verlassen wollte.

Wir haben gesagt, daß eine Amputation unterhalb des Knies, mit einer Kniebewegung von ein-halb oder mehr, mit dieser Art von Beinen versehen werden sollte.

Der Zweck, welcher hierbei in's Auge gefaßt, ist der, um aus den vorhandenen Bewegungen Nutzen zu ziehen, und die Absicht, die völlige Bewegung vermittelst des künstlichen Beines wieder herzustellen.

Preis $100 jedes. Das nöthige Maßnehmen ist auf Seite 28 näher beschrieben.

Beine für Amputationen in oder unterhalb den Knöchelgelenken.

Amputationen, bekannt als Symes', Pirogoff's, Chopart's Lisfrance's, Hey's ꝛc., sind mit der Absicht gemacht, um das Gewicht auf die übrig bleibende Sohlfläche des Stumpfes zu legen und mit wenigen Ausnahmen, wo der Stumpf berücksichtigt werden muß, kann dies auch geschehen. Die Konstruktion künstlicher Füße für diese Art von Amputationen hat den Verfertiger mehr in Verlegenheit gebracht als irgend eine andere. Die beschränkte Distanz vom Ende des Stumpfes bis zum Boden trat der Möglichkeit entgegen, einen künstlichen Fuß leicht, nett, dauerhaft und zweckentsprechend zu machen, bis der Gummifuß die Schwierigkeit überwand und das Problem löste. Die meisten der Fabrikanten, welche sich berufen glauben, solche Amputationen zu behandeln, konstruiren einen unzulänglichen, mangelhaften Apparat, welcher nur die Form des Fußes ersetzt, aber keinerlei Unterstützung im Gehen bietet. Eine Person muß im Stande sein, ihr ganzes Gewicht auf den Ballen des Fußes zu legen und den Absatz zu heben, um natürlich, leicht, schnell und bequem gehen zu können. Hat der künstliche Fuß ein Knöchelgelenk, so ist die Person nicht im Stande, auf dem Ballen des Fußes zu stehen, wenn der Absatz erhoben wird; es ist ein überflüssiges Anhängsel und hindernd in allen Bewegungen. Diese Schwierigkeit ist eine unvermeidliche bei allen Anhängern des Knöchelgelenkes. Um einen Knöchelgelenk-Fuß vollständig widerstandsfähig um den Knöchel herum zu machen, so daß er die starke Spannung aushalten kann, müssen sich die erforderlichen Vorrichtungen an den Seiten des Stumpfes hinauf erstrecken, und gerade hierdurch wird viel unerwünschtes Gewicht und Schwerfälligkeit dem Knöchel zugetheilt. Alle hinzugefügten Theile würden ferner unsicher und unverläßlich sein, weil sie mit dem Stumpf in Berührung kommen und folglich auch von der Respiration desselben zu leiden haben.

Durch Anwendung von Aluminium sind wir im Stande künstliche Beine für diese Amputationen zu machen, welche durchweg bequem, äußerst dauerhaft, förderlich und wasserdicht sind. Der größte Vorzug aber besteht darin, daß Beine für diese Art von Amputationen gemacht, ein nettes Ansehen und ein kleines Durchschnittsmaß am Knöchel haben. Bei dem Gebrauch von Aluminium kann die Hülse oder die Umhüllung, welche das Ende des Stumpfes umschließt, viel dünner gemacht werden, als von Holz, und trotzdem von genügender Stärke sein, und ist somit das unschöne, häßliche, klumpfußartige Aussehen der Knöchelgegend, welchen Fehler alle künstlichen Beine für Knöchelamputationen unvermeidlich aufzuweisen haben, praktisch gehoben.

Die Hülse und der Kern des Fußes sind in einem Stück und in passender Form gegossen, um den Druck und das Gewicht auf beste und vortheilhafteste Weise zu placiren. Da giebt es keine genietete oder zusammengefügte Theile um das Bein schwach oder bei längerem Tragen geräuschvoll zu machen. Ein Gummifuß ist stets am Kern angefügt, daher die Elastizität im Absatz und dem Ballen des Fußes, welches den von uns verfertigten Gliedern eine so günstige Aufnahme sichert.

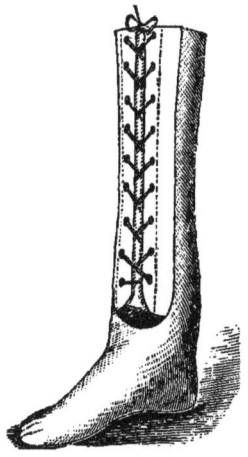 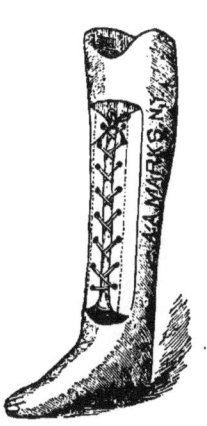

No. 128.   No. 366.

No. 128 repräsentirt ein Bein für Amputation im Knöchel, bekannt als Symes' und Pirogoff's, bei welcher ein Stumpf mit einer guten Fleischfläche hinterlassen wurde, welche fähig ist, das ganze Gewicht zu tragen. Die Hülse besteht aus gegossenem Aluminium und umschließt die Hälfte des Beines und Stumpfes; die vordere Hälfte ist aus biegsamen Leder hergestellt, passend gemacht durch Schnüre, Schnallen, Riemen, je nach belieben.

Abbildung 366 zeigt ein Bein mit ringförmigem oberem Rande für dieselbe oder ähnliche Amputation. Dieses Bein ist für einen Stumpf ausersehen, dessen Ende nicht fähig ist ein Gewicht zu tragen. Das ringförmige obere Ende umfaßt das Bein gerade unterhalb des Knies und nimmt das Gewicht auf.

Die Abbildungen 132 und 367 repräsentiren Beine mit Aluminium-Hülsen und Gummifüßen, passend für Symes' und Pirogoff's Amputationen. Die Hülsen eines jeden umschließt die vordere Hälfte des Stumpfes und Beines; ein Stück Leder, am Fuße, ein wenig oberhalb des Absatzes befestigt, umschließt beides, die Rückseite des Stumpfes und die Aluminium-Hülse, wie in der Abbildung 368. Das Lederstück wird durch Schnüre oder Riemen, je nach belieben, passend gemacht.

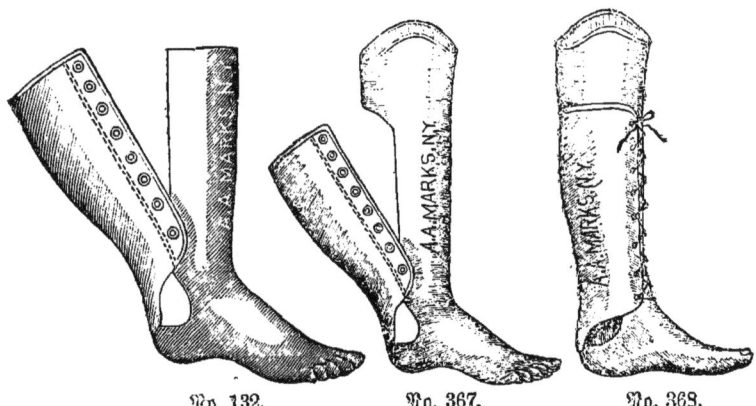

No. 132.   No. 367.   No. 368.

Diese Art von Beinen wird oft den unter No. 128 beschriebenen vorgezogen, weil es das Schienbein davor schützt mit dem Leder in Contakt zu kommen und kann auch leichter gemacht werden, weil die Metallhülse näher dem vorderen Theile des Fußes placirt und in Folge dessen die Hülse nicht solcher Spannung ausgesetzt ist als wenn nach rückwärts placirt. Diese Art von Beinen bieten einen glatteren und mehr symmetrisch gebogenen Spann und Knöchel als No. 128.

Abbildung No. 132 ist berechnet für einen Symes' oder Pirogoff's Stumpf, welcher fähig ist Gewicht auf seinem Ende zu tragen.

Abbildung No. 367 ist für einen ähnlichen Stumpf berechnet, welcher nicht im Stande ist, Gewicht zu tragen.

Abbildung No. 368 repräsentirt ein Aluminium-Bein mit Lederstück, welches in richtiger Position geschnürt ist.

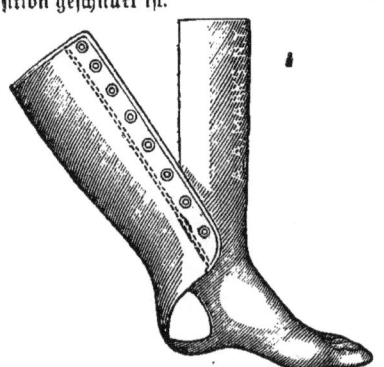
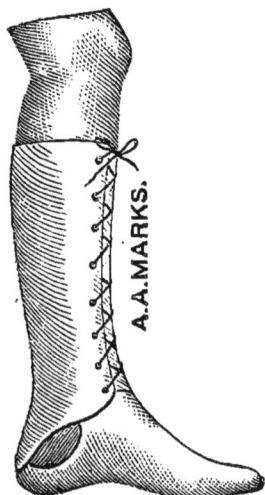

No. 135.   No. 136.

Abbildung No. 135 repräsentirt ein Aluminium-Bein mit Gummifuß, ausersehen für eine theilweise Fußamputation, solche wie Chopart's, Hey's, Lisfranc's, rc.

Seine allgemeine Construktion ist ähnlich der wie in No. 132, ausgenommen, daß es dem Stumpf erlaubt so nahe am Boden placirt zu werden als thunlich. Die Dicke des Metalls unter dem Stumpf ist hinlänglich mit Einachtel eines Zolles. Ist der Stumpf ein solcher, welcher eine Schiene an der Rückseite benöthigt, als eine Gegenwirkung gegen irgend eine Tendenz der Ferse den Absatz aufwärts zu ziehen, was zuweilen der Fall ist, dann kann die nothwendig werdende Schiene in das Lederstück placirt, oder das künstliche Bein kann nach dem Plan von No. 128 construirt werden. Wenn die Endfläche des Stumpfes das Körpergewicht der Person nicht tragen kann, so kann das Bein mit einem ringförmigen Oberrande versehen werden, wie in No. 367.

No. 369. No. 370. No. 371.

Abbildung No. 369 zeigt ein No. 135 Bein ebenso den Stumpf, welchen es aufzunehmen bestimmt ist.

Abbildung 370 zeigt wie das Bein angewandt ist, bekleidet mit Strumpf und Schuh, und Abbildung 371 zeigt den Träger, wie er sich im täglichen Leben bewegt. Sein unglücklicher Fehler ist gänzlich verdeckt und sein krüppelhafter Zustand ist in solchem Maße beseitigt, als er fähig ist zu gehen, laufen, klettern, treppauf und treppab zu gehen mit fast derselben Natürlichkeit und Leichtigkeit, als Jemand, welcher im Besitze von natürlichen Beinen ist.

Diese Illustrationen sind dem Leben entnommen und die betreffende Person, bezeugt mit Vergnügen seine Freude und hohe Befriedigung für die völlig erzielte Wiederherstellung.

Preis für No. 128, 366, 132, 368 oder 135 $50 jedes. Das nothwendige Maß ist auf Seite 28 näher beschrieben.

— Es kommt manchmal vor, daß bei Amputationen in und unterhalb des Knöchelgelenkes das Gewicht vom Ende des Stumpfs nicht getragen werden kann; in solchem Falle werden Seiten- und Schenkelstücke verwandt und das Gewicht auf den Schenkel und dem Theil unterhalb des Knies in solcher Proportion vertheilt, als die Umstände es erlauben.

No. 137.   No. 138.

Abbildung No. 137 repräsentirt eine Doppel-Amputation an dem Knöchelgelenk. In diesem besonderen Falle blätterten sich die Extremitäten der Stumpfe beim Heilen ab und ließen die Oberfläche der Knochen nur schwach beschützt; folglich war es unmöglich, diesen Extremitäten ein Gewicht aufzubürden. Das Holz des oberen Theiles vom unteren Beine wurde ringförmig gelassen, umfaßte den Stumpf gerade unterhalb des Knies; Seiten und Schenkelstücke wurden angewandt und das Gewicht auf die vortheilhaftesten Punkte gelegt.

Abbildung No. 138 zeigt das künstliche Bein in Position und den Träger fertig zum Gehen.

Preis $100 jedes.

Das nöthige Maßnehmen ist auf Seite 28 beschrieben.

Es werden manche Apparate angefertigt, welche für die Benutzung solcher Fuß-amputationen bestimmt sind, wenn dieselben indeß nicht so konstruirt sind, daß sie mit der Cicatrix nicht in Berührung kommen und zur selben Zeit genügend fest am übrigen Stumpf gehalten werden, damit der Träger sich auf den Zehen erheben kann, so sind dieselben thatsächlich werthlos. Es ist unmöglich, eine Fuß- oder Mittelfuß-Amputation zu behandeln und dem Träger mit einem Hülfsmittel oder einem Apparate zu dienen, welcher sich nicht ziemlich am Bein hinauf erstreckt. Eine gewöhnliche Lederumhüllung, am Knöchel und Spann geschnürt, mit Zehen, welche den Fuß completiren, dienen nur um die Schuhe zu füllen, geben aber keine Unterstützung beim Gehen.

Gummifüße, künstlichen Beinen angefügt von anderen Fabrikanten.

Es ist gezeigt worden, daß künstliche Beine mit Knöchelgelenken mehr oder weniger Verdruß verursachen, wegen der stets nothwendigen Reparatur sowohl, wie auch wegen ihrer Unsicherheit in den Bewegungen, des unangenehmen Geräusches und des unnatürlichen „Klapperns" im Gehen. Wir sind überzeugt, daß viele Leute im Besitz eines solchen Beines sind und dasselbe gern los sein möchten, wenn damit nicht ein bedeutender Verlust ihrerseits verbunden wäre. Diesen Leuten wünschen wir zu sagen, daß wenn die übrigen Theile außer den Füßen gut, bequem und passend sind, es am Besten und Vortheilhaftesten ist, diese Knöchelgelenke zu entfernen und Gummifüße an deren Stelle zu setzen.

Wir haben dies an vielen Beinen gethan und dieselben in allen Fällen besser hergestellt als sie ursprünglich waren.

Unser Preis, ein Knöchelgelenk irgend einer Art und Fabrikation zu entfernen und statt dessen den Gummifuß zu placiren, ist in jedem Falle $20.

Personen, welche sich entschließen, Gummifüße an künstliche Beine irgend einer Fabrikation, gesetzt zu haben, können mit kleinerem oder größerem Fuß nach Wunsch versehen und das Bein kürzer oder länger gemacht werden. Für Aenderungen dieser Art wird nichts berechnet. Dies ist ein höchst wichtiger Punkt vorzüglich für solche Leute, die noch im Wachsthum begriffen sind.

Der Erfolg des Gummifußes hängt im hohen Maße von der Art und Weise und der Position ab in welcher derselbe am Bein angebracht ist. Ganz besondere Erfahrung in diesem Fache ist erforderlich, um Jemandem die vorzüglichsten zusammenwirkenden Zustände in dieser Hinsicht klar zu machen; deßhalb lehnen wir es ab, ehe wir Gefahr laufen nicht erfolgreich zu sein, einen Gummifuß einzeln zu verkaufen; wir bestehen darauf, denselben selbst an das Bein zu befestigen. Wir können irgend ein künstliches Bein mit Gummifuß versehen, einerlei nach welchem Prinzip das Bein konstruirt wurde oder welches Material dazu verwandt worden ist.

Anweisungen zum Maßnehmen für ein oder ein Paar künstlicher Beine.

Breite einen großen Bogen Papier auf einen ebenen, glatten Boden oder Tisch; entkleide beide Beine und Stumpf; die Person setze sich dann auf dieses Papier beide

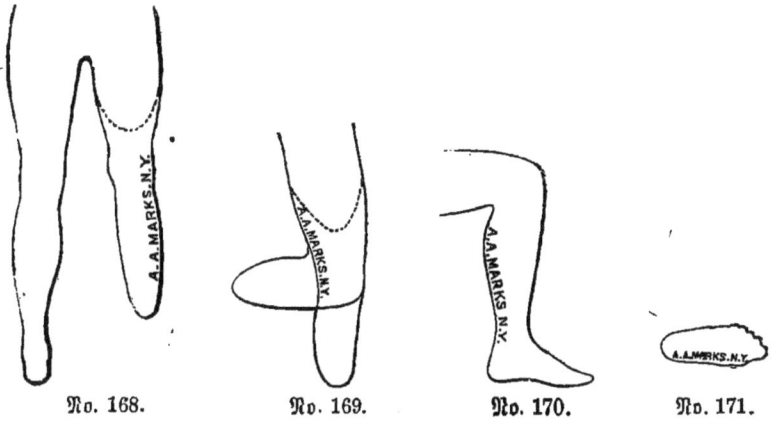

No. 168.　　　No. 169.　　　No. 170.　　　No. 171.

Beine ausgestreckt; halte einen langen Bleistift senkrecht dicht an der nackten Contur des Körpers, die Spitze dem Papier zugekehrt; fange dann bei den Hüften an und ziehe mit dem Bleistift eine Linie abwärts an der Außenseite des Stumpfes, um das Ende herum, aufwärts der inneren Seite zur Schamleiste, abwärts der inneren Seite des Beines um die Ferse herum, aufwärts der Außenseite bis zur anderen Hüfte. Beim passiren der Ferse oder des Hackens muß der Fuß im rechten Winkel mit dem Bein gehalten werden, oder mit anderen Worten so, daß die Fußsohle senkrecht steht.

Wenn diese Zeichnung richtig ausgeführt ist, so wird sie der in der Abbildung No. 168 gleichen.

Ist das Knie steif oder zusammengezogen, so wird es nicht möglich sein, beim Sitzen die Rückseite auf dem Papier ruhen zu lassen; durch Hinlegen mit dem Rücken auf den Boden ist es wahrscheinlich, daß die Rückseite des ganzen Stumpfes oder Beines auf dem Papier ruht.

Man wende sich jetzt auf die amputirte Seite, so daß die Außenseite des Stumpfes auf das Papier kommt, wobei der Stumpf so viel wie möglich gestreckt wird; in dieser Position ziehe man nun mit dem Bleistift eine Linie vom Unterleibe abwärts der vorderen Seite des Stumpfes, um das Ende herum und an dem hinteren Theile des Körpers aufwärts. Wenn das Bein unter dem Knie amputirt worden ist, so biege man den Stumpf so nahe in einen rechten Winkel als möglich und nehme ein Seitenprofil des Stumpfes; auf diese Weise werden Seiten-Ansichten des Stumpfes vom Körper bis zum Ende in zwei Positionen gezeigt, möglichst gestreckt für die eine Position und in ungefährem rechtem Winkel gebogen für die andere.

Diese Zeichnung sollte der Abbildung No. 169 gleichen.

Man wende sich nun auf die andere Seite und lasse das gesunde Bein auf dem Papier ruhen und zwar so, daß das Knie zu einem annähernd rechten Winkel gebogen wird und die Fußsohle in einer parallelen Linie mit dem Schenkel liegt; dann ziehe man eine Linie mit dem Bleistift um das ganze Bein in dieser Position. Diese Zeichnung, wenn richtig ausgeführt, wird der Abbildung No. 170 gleichen.

Man setze sich und stelle den Fuß auf das Papier und ziehe eine Linie rund um denselben; dies sollte Abbildung No. 171 gleichen.

Man stehe gerade, perfekt senkrecht mit Hülfe von Krücken oder Stöcken und lasse Jemanden die folgenden Messungen am gesunden Bein vornehmen:

Messe mit einem Tasterzirkel den inneren, äußeren oder Seitendurchschnitt eines jeden Kniegelenkes; messe die Distanz von der Schamleiste bis zum Boden, dann von der Schamleiste bis zum Ende des Stumpfes, dann vom Ende des Stumpfes bis zum Boden. Messe den Umfang des Stumpfes, beginnend oben an der Schamleiste und dann in Zwischenräumen von etwa zwei Zoll bis hinunter zum äußersten Ende. Messe den hiermit correspondirenden Umfang des gesunden Beines bis herunter zum Knie. Messe den Umfang des Beines gleich unterhalb der Kniepfanne, den Umfang der Wade, des Knöchels, der Ferse und des Spannes; der Zehengelenke und Länge des Fußes; Der Patient setze sich auf einen Stuhl, der die richtige Höhe hat, um das Bein in einen rechten Winkel zu stellen. Messe die Distanz vom oberen Rande der Kniepfanne bis zum Boden; die Distanz von der Kniekehle bis zum Boden. Wenn das Bein unterhalb des Knies amputirt wurde, Messe die Distanz von der Kniekehle des amputirten Beines bis zum Ende des Stumpfes.

Wenn beide Beine entweder oberhalb oder unterhalb des Knies amputirt wurden, gebe man die Profils und Zeichnungen beider Stumpfe nebst dem Seitendurchschnitt jedes Knies und den Umfang vom Körper bis zum Ende in Zwischenräumen von zwei Zoll. Wenn der Patient wünscht, eine gewisse Höhe zu erlangen, muß die gewünschte Höhe angezeigt und daß Maß vom Ende des Stumpfes bis zum Scheitel gegeben werden; die Messung ist vorzunehmen während der Körper mit ausgestreckten Stumpfen am Boden liegt. Man gebe das Maß der Schuhe, welche für die Füße gewünscht werden, falls der Patient nicht geneigt ist, die Sache unserem Ermessen anheim zu stellen.

Wenn das Bein an irgend einem Knöchelgelenk oder unterhalb des Knöchelgelenks abgenommen wurde, ist eine vom Stumpf bis zu acht oder zehn Zoll aufwärts genommene Gypsform von großem Werth.

Wenn sich am Bein oder am Stumpf empfindliche Stellen oder sonstige Eigenthümlichkeiten befinden, so sollten diese sorgfältig aufgeführt werden. Folgende Fragen sind in allen Fällen zu beantworten:

Name des Patienten?
Post-Office Addresse?
Beschäftigung?
Alter?
Gewicht?
Ursache der Amputation?
Wann amputirt?
Welches Bein ist amputirt, das rechte oder linke?
Hat der Patient schon ein künstliches Glied getragen?
Welcher Fabrik?
Name dessen, der das Bein bestellt?
Post-Office Addresse des Bestellers?

Trag-Gurte.

Die Methoden, diese bisher beschriebenen künstlichen Beine zu tragen, sind zahlreich und jede hat ihren besonderen Vorzug, je nach der Individualität des Patienten. Personen, welche sich einmal an eine gewisse Methode gewöhnt haben und sind damit in jeder Hinsicht zufrieden, sollten dabei bleiben und keine Veränderung stattfinden lassen. Wenn uns die Art der Traggurte, welche eine Person zu tragen gewohnt ist, beschrieben wird, so sind wir gern geneigt, dieselben auf Wunsch an neuen Beinen ohne irgend eine Extravergütung anzubringen. Werden wir in dieser Hinsicht nicht besonders informirt, so handeln wir nach eigenem besten Ermessen und versehen die Beine mit solchen Traggurten, welche uns für den Fall am geeignetsten scheinen.

Als das Resultat eigener Prüfung, geleitet von den Rathschlägen unserer Geschäftsfreunde, nehmen wir uns die Freiheit, folgende Arten als sicher und bequem zu empfehlen.

Abbildung No. 177 zeigt unsere neue Sorte, welche besonders passend ist für Amputationen oberhalb des Knies. Die Schultergurten haben die Breite von zwei Zoll und bestehen aus nicht-elastischem Webstoff. Nachdem über die Schultern gelegt, passirt ein Gurt durch die Umfassung E, welche mit dem Gurt der anderen Schulter in Verbindung steht: dies bewirkt, daß die Gurte in ihrer richtigen Stellung gehalten werden und nicht von der Schulter abgleiten können, worüber von Personen, welche alte Arten benützt, so ernste Klage geführt wird.

Die Schnalle A (weiter unten erläutert) nimmt den Schultergurt auf und hält denselben, je nach Wunsch, an irgend einer Stelle fest. Die Halter am unteren Ende der Schnallen halten den starken Umschluß B an welchem Lederriemen befestigt sind.

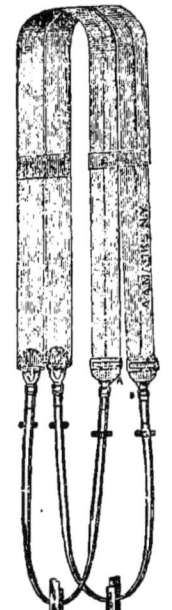

No. 177.

Diese Riemen gehen an den Seiten des Beines hinunter, wobei Vorsorge getroffen ist daß sie in ihrem richtigen Platze bleiben; dann durch die Rollen D, welche an beiden Seiten des künstlichen Beines gleich oberhalb des Knies befestigt sind, dann, an der Rückseite des Beines hinauflaufend, durch andere Leiter nach den Haltern, welche am hinteren Ende der Traggurte befestigt sind. Sind die Traggurte einmal an die Klammerschnallen befestigt, dann verbleiben sie so, weil die Lederriemen vorne und hinten an B gelöst werden, wenn das Bein abgeschnallt wird. Die Schnallen bleiben unberührt, wenn die Schultergurte von den Schultern herabgenommen werden; ein Gurt schlüpft von der Umfassung E und dann können beide bequem der Person abgenommen werden.

Die unteren Abbildungen repräsentiren die Vorder- und Rückansicht eines Paares dieser Traggurte wie sie von der Person im Gebrauch sind; sie zeigen die relative Position der Rollen, den Effekt der vorderen Umfassung und des hinteren Kreuzbandes. Die zu einem gewünschten Resultat benöthigte Elastizität wird nur in den Theilen des Gewebes geboten, welche sich vom Rück=Kreuzband bis zum Halter oder Schnapper erstrecken.

Die Thätigkeit der Traggurte ist in der Seitenansicht der Person welche im Gehen begriffen ist, illustrirt. Es wird bemerkt werden, daß die Lederriemen sich sehr leicht auf Rollen bewegen und dieserhalb das Ziehen von rück= und vorwärts ausgleichen ohne eine Bewegung der Schultertheile nothwendig zu machen. Im Sitzen wird derselbe Effekt erzielt; statt daß die Traggurte vorne schlaff und unbequem straff im

No. 178.   No. 179.   No. 180.

Rücken sind, wie die alten Arten, erlauben die Rollen ein gleichmäßiges ziehen, sowohl vorne wie hinten, wie auf der nächsten Seite gezeigt werden wird.

Preis für ein complettes Paar $4. Das erforderliche Maß muß vom hinteren oberen Rande des Beines über die eine Schulter hinüber bis zum vorderen oberen Rande des Beines genommen werden.

Abbildung No. 183 repräsentirt unsere neue Schnalle, aus starkem gerollten Messing verfertigt, nickelplatirt, und ist im Stande einen zwei Zoll breiten elastischen oder nichtelastischen Gurt aufzunehmen und sicher festzuhalten. Der Gurt wird von einer gezähnten Klammer, welche nicht schneidet, weder den Gurt verreißt noch verdirbt, festgehalten.

Diese Schnalle, wie in der Abbildung gezeigt, besitzt eine Federkraft, welche den Gurt festhält und nur dadurch gelöst werden kann, wenn man einen Druck auf die Feder ausübt.

Preis einer jeden, 25 Cts.

Die hier angewandten Rollen, durch Abbildung 184 repräsentirt, sind gleichfalls aus starkem Messing mit dauerhaften Kloben fabrizirt. Dieselben sind an den Seiten der Hülse des Beines mit gewöhnlichen Schrauben befestigt. Diese Kloben oder Flaschenzüge sind in ihrer Thätigkeit absolut geräuschlos und können jahrelang gebraucht werden.

Preis 25 Cents per Stück.

Abbildung No. 185 zeigt unsere Traggurte nach altem Muster; sie besitzen nicht die Vorzüge des Rollen-Traggurts, trotzdem zählen sie viele Liebhaber.

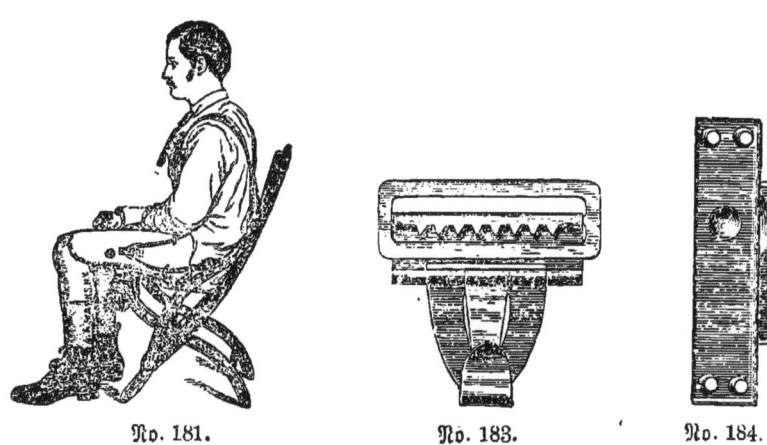

No. 181.   No. 183.   No. 184.

Die Schulter-Gurte sind von feinem elastischen Gewebe und zwei Zoll breit. Die Vorder-Gurte, zwei Zoll weites nicht-elastisches Gewebe, passiren durch eine Umfassung und werden, wie gezeigt, geschnallt. Die Traggurte werden vermittelst Schrauben, welche die Lederenden festhalten am Bein befestigt. Das Gewebe ist an diese Leder-

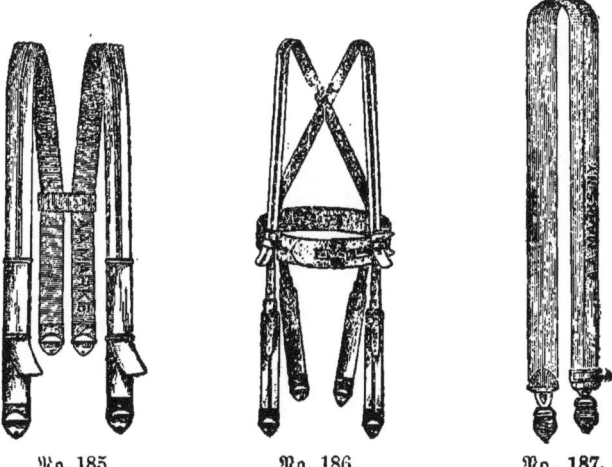

No. 185.   No. 186.   No. 187.

enden durch plattirte Stahl Ds befestigt, welche einen direkten und egalen Zug gestatten und dadurch verhindern, daß das Gewebe sich an den Seiten abnutzt.

Preis per Paar $3. Das nöthige Maßnehmen wie bei No. 177.

Abbildung No. 186 zeigt einen Leibgurt und Traggurt mit einander verbunden. Die Schulterbänder und Gürtelband sind von nicht-elastischem Webstoff; Gurte, welche am Bein befestigt sind, haben eine Breite von 1½ oder 2 Zoll und sind von elastischem Webstoff, sie verstatten alle nothwendige Elastizität, sind recht hübsch, bequem und dauerhaft.

Preis $5.00. Das nöthige Maßnehmen ist wie bei No. 177 doch, kommt hierzu noch der Umfang des Körpers über den Hüften.

Abbildung No. 187 repräsentirt einen Traggurt für ein Bein, wo die Amputation unterhalb des Knies vorgenommen wurde und für knietragende Beine, wo nur ein Schulter-Traggurt nöthig ist. Der Schultergurt ist von zweizölligem Gewebe.

Das vordere Ende ist mit unseren neuen Greif-Schnallen versehen, welche in das metallene D einfassen, welches wiederum am vorderen Oberende des Schenkelstückes befestigt ist; das hintere Ende des Schultergurts ist mit einer Springfeder verbunden, an welcher ein D angebracht und am hinteren Theile des Schenkelstückes befestigt ist. Dieser Traggurt kann durch einmaliges Schnallen ein für allemal richtig gestellt werden. Beim Fortnehmen des Beines kann der Traggurt sowohl vorne wie hinten aufgeschnappt werden und wird auf diese Weise das An- und Abschnallen wesentlich erleichtert und vereinfacht. Dieser Traggurt hat nicht die Eigenheit von der Schulter abzugleiten wenn er über die entgegengesetzte Schulter geleitet wird, es sei denn, daß der Patient ausnehmend runde Schultern hat. In solchen Fällen sollte das Stück eines Gurtes am hinteren Theile des Traggurts angebracht, seitwärts unter dem gegenseitigen Arm hindurch um den Körper geleitet und am Vordergurt festgeschnallt werden.

Preis $1.50. Das nöthige Maßnehmen wie bei No. 177.

Trag-Gurte für Damen.

No. 190.   No. 191.   No. 192.

Abbildung 190 repräsentirt unseren Rollen-Gurt, welcher speciell für Damen mit Amputation oberhalb des Knies bestimmt ist. Derselbe ist mit einem breiten Joch versehen, welches hübsch und bequem auf die Hüften paßt.

Dieses Joch bildet einen ezcellenten Träger für das Bein. Das Bein und die Schulter-Gurte sind beide am Joch befestigt und durch Schnallen richtiggestellt; wenn Damen umfangreich in den Hüften sind, so kann das ganze Gewicht mit Sicherheit vom Joch getragen werden und die Schulter-Gurte können schlaff sein oder ganz entfernt werden. Die Thätigkeit der Gurte auf den Rollen sichert alle Vorzüge, welche wir bei No. 177 bereits erwähnt haben.

Das Joch hält das Bein so sicher zu dem Körper der Person, daß das scheinbare Gewicht des Beines bedeutend reduzirt wird.

Preis $5.00. Bei der Bestellung gebe man das Maß der Taille, oder noch besser, man schneide ein Papier-Muster, welches der Taille und den Hüften genau paßt; man gebe ferner das Maß vom oberen Rückrande des Beines über die Schultern zum oberen Vorderrande des Beines.

Abbildung No. 191 repräsentirt einen Joch-Traggurt, ausersehen für eine Dame, welche ein knietragendes Bein oder ein Bein für Amputation unterhalb des Knies benützt. Es ist ähnlich dem Muster No. 190, ausgenommen in seiner Verbindung mit dem Beine, welche die Illustration deutlich veranschaulicht.

Preis $3.00. Das nöthige Maßnehmen wie bei No. 190.

Das Muster 192 ist ähnlich dem obigen, ausgenommen, daß die Schultergurte entfernt sind.

Preis $2.00. Taillen-Muster genügt hier bei Bestellung.

Traggurte für doppelte Amputationen.

Irgend ein der beschriebenen Traggurte kann so modifizirt werden, daß er für doppelte Amputationen passend ist und zwar zu den folgenden Preisen:

Muster No. 177, $5.00; No. 187, $3.00; No. 190, $7.00; No. 191, $4.00; No. 192, $3.00

Bei Bestellungen von Traggurten für künstliche Beine bezeichne man das gewünschte Muster durch die Nummer.

Personen, welche künstliche Beine bestellen, sind zu irgend einem Muster von Traggurten ohne extra Preisberechnung berechtigt.

Künstliche Arme.

Von einem deutschen Ritter des 16ten Jahrhunderts, Götz von Berlichingen, wird behauptet, daß er im Besitz einer künstlichen Hand war, welche ihn befähigte in der Schlacht das Schwert zu führen und andere wichtige Arbeiten damit zu verrichten. Die Hand war von Eisen, hatte ein bedeutendes Gewicht, war an seiner Rüstung befestigt und durch einen sinnig erdachten Mechanismus in Thätigkeit gesetzt, welcher in seiner besonderen Kraft von den Bewegungen der anderen Hand abhängig war. Diese eiserne Hand hatte eine Faß- oder Greifkraft in solchen Zwischenpausen, als wenn die gesunde Hand gewisse Federn gelöst hätte nachdem das zu greifende oder zu umfassende Objekt zum Erfassen bereit war. Diese Hand mag als die erste künstliche Hand angesehen werden, von der wir authentische Kenntniß haben.

Plinius spricht allerdings von einem römischen Ritter, M. Sergius, 167 v. Ch., welcher sich als Ersatz für seine im zweiten Punischen Kriege verlorene rechte Hand eine künstliche Hand von Eisen machen ließ, welche ihn vollkommen zu weiterem Kriegsdienste befähigte. Unglücklicherweise unterläßt Plinius, den Mechanismus der Hand zu beschreiben, auf Grund der Thatsache aber, daß seine Kameraden sich für ihn in seinem Unglück in's Mittel legten, haben wir genügenden Grund anzunehmen, daß die eiserne Hand von nur geringem Werth für ihn war und wohl nur bestimmt, um die Zügel seines Pferdes und den Schild zu halten. Die Hand des Götz von Berlichingen war aller Wahrscheinlichkeit nach eine Nachbildung der Hand des M. Sergius, da sie für dieselben Zwecke bestimmt war.

Gehen wir nun in das moderne Zeitalter über, so finden wir nur geringe Fortschritte in diesem Kunstzweige. Der Menschengeist hat indeß eine Fülle von Gedanken auf die Verbesserung im Gebiete der Prosthosis verwandt. Wir zögern nicht zu sagen, daß dieser Sache so viel und recht ernste Aufmerksamkeit gewidmet worden ist, als irgend einem anderen Zweige auf dem Gebiete der Erfindungen.

Wenn wir über den Mechanismus des natürlichen Armes und der Hand nachdenken und die merkwürdigen Einrichtungen näher studiren, können wir uns leicht überzeugen, warum vom Menschengeist bis jetzt so wenig auf diesem Gebiete errungen wurde und welch trübe Zukunft denen bevorsteht, welche sich den Fortschritt in dieser Sache zur Aufgabe gemacht haben.

Die Anatomie der menschlichen Hand. Welch wunderbarer Mechanismus, welche Combinationen von Bewegungen und welche Controlle der Mensch über dieselben ausübt! Jeder Finger hat seine drei Glieder und jedes Glied steht unter Controlle.

Die Hand hat ihr Handgelenk, welches sie befähigt, sich zu irgend einen Winkel zu stellen.

Der Vorderarm hat seine Ulna (der Elbogenknochen) und seinen Radius (die Speiche), welche die Bewegungen der Hand controlliren.

Und ferner, die erstaunliche Kraft über welche jeder Finger und jedes Gelenk gebietet, alle bewegt durch Sehnen und Muskeln. Die Theile dieser wundervollen Maschine sind mit solcher Feinheit und Genauigkeit zusammengefügt, daß der Graveur im Stande ist, die feinsten Platten zu ätzen und der robuste Schmied den schwersten Hammer zu schwingen. Glaubt ihr, daß die Hand allein diese verschiedenen Arbeiten verrichtet, aus freien Stücken durch eine eigene Intelligenz operirt? Zerschneidet den Arm-Nerv und ihr habt ein Glied so todt und schlaff wie ein alter Lappen oder wie einen leeren Aermel. Trennt den Arm vom Körper und stöhret die Nerven oder lähmet die Muskeln und ihr werdet eine Bewegung erzeugen so unbeholfen und krampfhaft, als ihr sie in einem künstlichen Arme mit künstlichen Fingern wahrnehmet.

Deßhalb, alle die geschickten Bewegungen welche wir in der normalen Hand beobachten, hängen von einer außerhalb derselben befindlichen Kraft ab und diese Kraft ist der Geist, der Wille. Wenn wir etwas tiefer in die Physiologie des natürlichen Arms und der Hand blicken, so finden wir, daß die Natur eine sonderbare Vorrichtung für einen ihrer Fehler getroffen hat, nämlich für die Abnutzung, und wäre nicht die Vorsorge für Polster und ölenden Säcke getroffen worden, unsere Gelenke des Arms und der Hand würden bald so lose werden und so häßlich klappern, wie ein ausgenutzter Bolzen. Jeder Blutstropfen, welcher durch die Kanäle des Arms fließt bringt frisches Material mit sich, um das verbrauchte zu ersetzen.

Dieser Blick auf den natürlichen Arm wird unsern Geist von den folgenden Thatsachen überzeugen: Daß die Hand ein zartes Stück Mechanismus von großer Stärke, daß sie mit unserm Wille eng verbunden ist und von diesem beherrscht wird; daß sie der Abnutzung unterworfen ist aber stetig wieder ergänzt wird durch die Attivität des Circulations-Systems. Mit diesen Thatsachen vertraut ist es wünschenswerth einen Vergleich mit dem künstlichen Arm anzustellen. Welche Verschiedenheit. Er kann keine enge Beziehungen mit unserm Verstande noch mit unserm Herzen haben. Wenn die Gelenke der Finger stark gemacht werden um nur einen kleinen Theil der

Stärke einer natürlichen Hand zu besitzen, so müßten sie nothwendigerweise zu schwer für die Nutzbarkeit gemacht werden.

Wenn die Federn so stark gemacht werden, um das Gewicht eines Pfundes zu ergreifen, die Anstrengung mit welcher dieselben gehandhabt werden müßten wäre so beschwerlich, daß sie nahezu nutzlos wären.

Diese Argumente sind hier vorgeführt, um den Leser in seinem Nachdenken über diesen Gegenstand zu unterstützen und zu der Ueberzeugung zu gelangen, ob es in Hinblick auf den natürlichen Arm möglich ist, einen künstlichen herzustellen, und es wird gehofft, daß diese Argumente dazu beitragen werden, jenen verdächtigen Anzeigen solcher Fabrikanten, welche das anpreisen und versprechen, was nur die Natur schaffen kann, mit ungläubigem Lächeln zu begegnen.

Der Standpunkt aller gewissenhaften Fabrikanten ist immer der gewesen, eine Hand zu produziren, welche neben möglichster Annäherung an die natürliche den größten praktischen Werth aufweist. Fingerbewegungen, kontrollirt durch verwickelten Mechanismus haben sich von geringem Nutzen gezeigt, weil die Unmöglichkeit vorlag, die Bewegungen durch den Willen zu kontrolliren und hierdurch den Manipulationen eine gewisse Eleganz zu geben. Irgend ein Fabrikant von gewöhnlicher Begabung kann eine Hand herstellen, welche beim Fahren die Zügel des Pferdes halten oder eine Reisetasche von einigem Gewicht zu tragen im Stande ist; wenn aber diese Hand zu anderen mehr oder weniger feinen Verrichtungen benutzt werden soll, so wird ihr Griff unzulänglich oder zu heftig sein um ihren Zweck zu erfüllen.

Im Anfang unserer Versuche traten wir natürlich in die Fußstapfen unserer Concurrenten und verfertigten eine Hand mit vielen Complikationen.

Durch Benutzung des noch übrigen Armes konnten wir der künstlichen Hand die Fähigkeit ertheilen, um verschiedene Stellungen anzunehmen, die Finger zu schließen und zu strecken, aber es nahm nur kurze Zeit, uns zu überzeugen, daß sie der Hand Götz von Berlichingen's glich, einem Kunstwerk, daß mehr seiner Complikation wegen geschätzt wurde, als ihrer allgemeinen Nützlichkeit wegen.

Nach harter Arbeit in dieser Sache und nach Opferung von vieler Zeit und langem Nachdenken über eine mögliche Verbesserung, und nachdem wir verschiedene, oft schwierige Experimente durchgearbeitet, sind wir zu dem Schluß gelangt, daß die Gummi-Hand, hier repräsentirt, die einfachste, praktischste, dauerhafteste und brauchbarste Hand ist von allen, welche gegenwärtig fabrizirt werden.

In 1863 wurde die Gummi-Hand erfunden; sie wurde an den Vorderarm vermittelst einer Spindel befestigt und durch eine Schraube in Position gehalten. Sie konnte leicht entfernt und ein Haken, ein Messer oder eine Bürste an ihre Stelle placirt werden.

Die Finger bestanden aus weichem, elastischem Gummi, hübsch geformt und konnten einen Druck aushalten. Ihre Vortheile bestanden in natürlicher Erscheinung und Berührung und ihrer besonderen Dauerhaftigkeit.

Die Hand fällt oder stößt sich ohne sich zu verletzen oder zu zerbrechen. Diese Vorzüge fanden günstige Anerkennung und es wurden viele fabrizirt. Im Laufe der Zeit wurde eine Verbesserung ins Auge gefaßt, welche darin bestand, die Finger biegsam zu machen. Durch Unterstützung der anderen Hand oder durch den Druck der Hand gegen einen Gegenstand konnten die Finger in irgend eine Position gebracht werden, und jede derselben gab der Hand ein anderes Ansehen. Hierdurch wurde das permanente Einerlei des alten Styles beseitigt und die Hand für leichte Zwecke dienstbar gemacht. Die Finger, wenn gekrümmt, sind fähig, eine Reisetasche oder ein Packel von ziemlichem Gewicht, oder die Zügel des Pferdes beim Fahren zu halten. Diese Erfindung ist durch ein Patent der Ver. Staaten gesichert.

Abbildung No. 193 repräsentirt die Gummi-Hand mit biegsamen Fingern. Die punktirten Linien zeigen einige der vielen Positionen in welche die Finger gebracht werden können entweder durch Hülfe der anderen Hand, oder durch den Widerdruck eines Gegenstandes.

Abbildung No. 194 zeigt die Hand und einen Theil des Vorderarmes separirt.

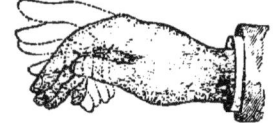

No. 193.

Die Spindel D wird vom Halter E aufgenommen und festgehalten und eine leichte drehende Bewegung ermöglicht; ein Druck gegen den Knopf C löst die Hand, dieselbe kann bei Seite gelegt und ein Haken, ein Messer, eine Gabel, eine Bürste oder sonstiges Geräth in deren Stelle placirt werden. Da diese Gegenstände am Vorderarm in Gebrauch gesetzt werden, befinden sie sich näher zum Stumpf und folglich unter besserer Controlle. In dieser Weise erfüllen sie ihren Zweck beim Essen, Waschen, Bürsten oder den Haken zu handhaben, mit viel mehr Geschick.

Wünscht der Invalide indessen die Hand während aller dieser Arbeiten an ihrem Platze zu haben, so kann er dieses dadurch ermöglichen, daß er die Vorrichtung in der Palme der Hand benutzt und dieselbe wird dann vermittelst einer selbstthätigen Feder irgend eines der Geräthschaften halten; durch einen Druck auf den Knopf A werden die Gegenstände wieder losgelassen.

Die Erfindung der Klammer am Handgelenk ist eine ebenso geniale als praktische, weil dieselbe indeß nothwendiger Weise im Stande sein muß, schwere Arbeiten zu verrichten, so ist es nöthig, daß sie stark sein muß, folglich auch schwer. Wenn der

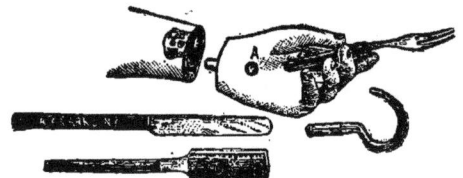

No. 194.

Stumpf kurz oder schwach ist oder der Invalide wünscht seinen Arm nicht für schwere Arbeit zu gebrauchen, so ist es besser, die Gummihand gleich permanent an den Vorderarm zu befestigen und die Handgelenk-Klammer wegzulassen; auf diese Weise kann das Gewicht des Armes bedeutend vermindert werden. Es mag hier noch bemerkt werden, daß die Geräthe in der Hand unter guter Controlle befindlich sind und vortheilhaft gebraucht werden können.

Arme für Amputationen des Schultergelenkes.

Für Amputationen im Schultergelenk hat der künstliche Arm den wenigsten Nutzen. Eine an der Schulter befestigte Scheibe, welche durch Riemen in ihrer Position gehalten wird, hält den künstlichen Arm. Von der Schulter abwärts gleicht dieser Arm denjenigen in der Abbildung 195.

Preis und nöthiges Maßnehmen wie Abbildung 195.

Arme für Amputationen oberhalb des Elbogens.

Abbildung No. 195 repräsentirt einen Arm für eine Amputation, welche an irgend einem Punkte oberhalb des Elbogengelenkes ausgeführt wurde. Der Arm ist aus Holz hergestellt, ausgehöhlt, um ihn leichter zu machen, und überzogen mit Pergament, um ihn stärker zu machen. Die Hand ist von Gummi, entweder permanent

No. 195.

am Handgelenk befestigt, oder an demselben durch die Klammer oder den Ball und das Hülsengelenk festgehalten, je nach Belieben, des Invaliden. Das Elbogengelenk besitzt die Fähigkeit sich zu biegen und zu strecken vermöge eines Riemens, welcher so arrangirt ist, daß eine Bewegung des Stumpfes und der Schulter den Vorderarm in den gewünschten Winkel zieht. Dies kann übrigens nur bei langen und starken Stümpfen stattfinden. Wenn der Vorderarm in einem ungefähren rechten Winkel mit dem Oberarm gebracht ist, entweder durch die Hülse des Stumpfes oder durch eine plötzliche Bewegung, dann hält eine Schlußvorrichtung im inneren des Vorderarmes diesen in Position, wie in der Abbildung No. 196.

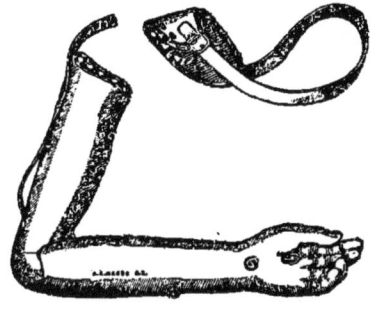 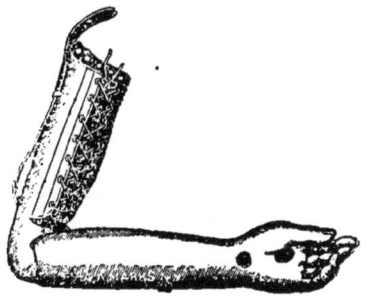

No. 196.   No. 197.

Wenn in dieser Position gehalten, kann der Invalide einen Schawl, Rock oder irgend einen losen Gegenstand auf dem Vorderarme tragen, welches ihm beim Gehen ein natürliches Ansehen giebt. Durch einen Druck auf den Knopf an der unteren Seite des Vorderarms kann der Schlußapparat gelöst und der Arm wieder gestreckt werden, der Haken im Handgelenk oder der Handfläche hält jeden ihm eingehängten Artikel mit Sicherheit.

Preis für einen Arm mit oder ohne Handgelenkbewegung, mit Haken, Messer, Bürste, 1 Paar lederne Handschuhe und Traggurte, $75.

Die nöthigen Messungen sind auf Seite 43 angegeben.

Arme für Amputationen in den Elbogengelenken.

Abbildung No. 197 zeigt einen Arm für eine Amputation im Elbogengelenk mit größerem Stumpf-Ende wie oben. Der obere Arm ist aus Holz und Leder hergestellt; die Verschnürung hält den Stumpf in seiner Lage. Vom Elbogen abwärts gleich der Arm No. 196.

Preise und nöthiges Maßnehmen wie bei No. 196.

Arme für Amputationen unterhalb des Elbogens.

Abbildung No. 198 repräsentirt einen Arm für eine Amputation unterhalb des Elbogens und nahe den Gelenken, so daß man nur auf einen sehr kurzen Stumpf zum Operiren auf den Vorderarm angewiesen ist. Der Vorderarm ist so hergestellt um den Stumpf aufzunehmen; Stahlgelenke, welche sich an jeder Seite nach aufwärts erstrecken und mit lederner Hülse versehen sind, halten den Stumpf in sicherer Lage; Schulterbänder dienen dazu, um den Arm an der Person zu halten und dem Stumpf

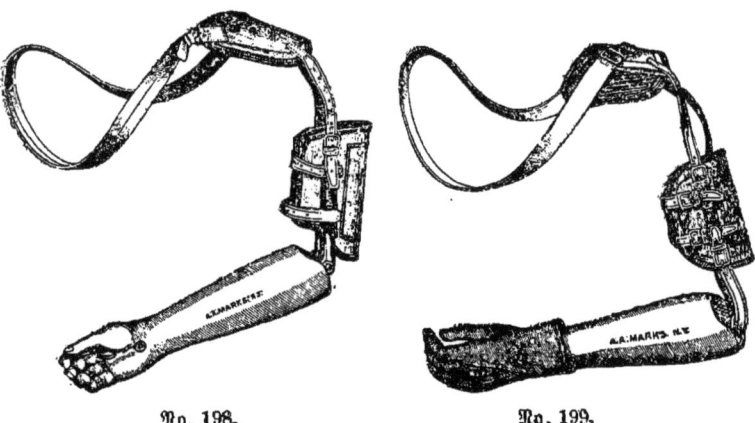

No. 198.   No. 199.

seine Thätigkeit zu erleichtern. Die Hand ist in solchen Fällen gewöhnlich permanent am Vorderarm befestigt.

Preis für einen Arm, mit oder ohne Handgelenk, mit Haken, Messer, Gabel, Bürste, Handschuhen und Traggurten, $50.

Das nothwendige Maßnehmen ist auf Seite 44 erklärt.

Abbildung No. 199 zeigt einen Arm für eine Amputation unterhalb des Elbogens, mit einem Stumpf von genügender Länge, um die Bewegungen kontrolliren zu können.

Der Vorderarm ist für den Stumpf passend gemacht und dieser wird durch die obere Hülse in Stellung gehalten. Der Vorderarm und Oberarm sind durch regelungsfähige Schnüre verbunden; Dieselben werden den Stahlgelenken vorgezogen, weil sie eine drehende Bewegung des Vorderarms zulassen und stärker sind als die Stahlgelenke; sie nutzen sich nicht ab, rasseln nicht, benöthigen kein Oel und sind weniger zerbrechlich. Bei kurzen Stumpfen sind übrigens die Stahlgelenke nothwendig, weil sie die Hülse sicherer zum Stumpf halten.

Der Vorderarm ist aus Holz geschnitzt und mit Pergament überzogen. Derselbe kann aus starkem Leder statt aus Holz hergestellt werden, aber wir bevorzugen Holz, weil es leichter ist und nicht so leicht morsch wird durch die Respiration des Stumpfes, Holz, mit Pergament überzogen, ist hinlänglich stark für jeden praktischen Gebrauch.

Wir unterordnen uns der Auswahl der Besteller.

Preis, derselbe wie No. 198. Das nöthige Maßnehmen ist dasselbe wie bei No. 198.

Abbildung No. 201 repräsentirt einen künstlichen Vorderarm ohne die Verbindung mit dem Oberarm. Der Arm wird an dem Stumpf durch Schnüre, welche an der Hülfe angebracht sind, und über die Schultern und um den Körper laufen, gehalten. Für Personen, welche Arme nur des guten Aussehens wegen tragen und einen ziemlich langen Stumpf unterhalb des Elbogens haben, ist diese Methode der Verbindung genügend und erfüllt ihren Zweck vollkommen.

No. 201.

Preis für einen Arm, mit Handgelenk-Verbindung, Traggurt, Haken, Messer, Gabel, Bürste und Handschuhe, $35. Ohne Handgelenk-Verbindung, Traggurt, Haken, Messer, Gabel, Bürste und Handschuhe, $30.

Das nöthige Maßnehmen ist auf Seite 43 erläutert.

Arme für Handgelenk-Amputationen.

Abbildung No. 202 repräsentirt eine dieser Handgelenk-Amputationen. Diese Amputationen lassen sich füglich in zwei Klassen theilen: die erste, in welcher der Knochenfortsatz der ulna und des radius in der Gegend des Handgelenks erhalten sind, eine abgeplattete Ansicht zum Stumpf zeigend, mit einem Durchschnitt am Ende

No. 202.   No. 203.

größer wie oberhalb. Die zweite Klasse umfaßt solche, in welchen diese Knochenfortsätze nicht vorhanden sind, das Ende des Stumpfes rund lassen und schmäler sind wie oberhalb.

Abbildung No. 203 repräsentirt einen künstlichen Vorderarm, welcher für die erste Klasse passend ist. Der Stumpf wird umfaßt durch eine Leder-Scheide, welche durch Schnüre richtiggestellt ist. Die Knochenfortsätze, welche diese Klasse charakterisiren, gewähren dem künstlichen Vorderarm einen günstigen Halt; wenn diese Knochenfortsätze prominenter Natur sind, so wird der Arm hinlänglich gesichert sein und die Person befähigen, schwere Gegenstände zu ziehen und zu heben.

Preis für einen Arm mit vollständigem Zubehör $30. Nöthiges Maßnehmen ist auf Seite 43 erläutert.

Sind die Knochenfortsätze am Ende oder am Handgelenk nicht prominent genug oder schmerzen sie, wenn berührt, so ist es unmöglich sich mit Sicherheit auf dieselben zu verlassen.

Abbildung No. 204 repräsentirt einen Arm für solche Fälle. Der Stumpf ist umschlossen und so fest geschnürt, als der Invalide es vertragen kann. Der Druck ist vom Handgelenk entfernt und nach dem Oberarm und den Schultern verlegt, wie zu ersehen ist.

Preis für einen Arm, mit Traggurten und vollständigem Zubehör, $50. Das nöthige Maßnehmen ist auf Seite 43 erklärt.

In jedem dieser Fälle ist es nicht möglich die bewegliche Hand zu benutzen, wenn der Invalide nicht einwilligt daß dieser Arm um einen Zoll länger gemacht wird, als der andere gesunde Arm, da die Klammer des Handgelenks den Raum eines Zolles einnimmt. Aus diesem Grunde befestigen wir die Hand permanent an den Vorderarm und verlassen uns auf die Handflächeneinrichtung um Eßsachen, Toiletten- und Arbeits-Geräthe zu halten.

No. 204.

Die zweite Klasse der Handgelenk-Amputationen, nämlich solche, in welcher die Enden der Stumpfe rund und kleiner als oben sind, wird mit Arm 199 versehen und gleich berücksichtigt wie eine Amputation unterhalb des Elbogens, ausgenommen, daß die Hand permanent an den Oberarm angefügt ist und zwar aus denselben Gründen wie bei der ersten Klasse.

Abbildung No. 205 repräsentirt einen Arm für Amputationen unterhalb der Elbogens mit Hakeneinsatz am Handgelenk. Dieses Arrangement entspricht mehr der Natürlichkeit für einen Arbeiter denn irgend ein anderes uns bekanntes. Wünscht der Besteller irgend einen der obigen Arme ohne eine Hand, so tritt eine Preisreduktion von $10 für jeden Arm ein.

No. 205.

Theile der Hand.

Abbildungen No. 208 und 209 repräsentiren Amputation der Finger und des Daumens.

Abbildung No. 210 repräsentirt eine Gummihand für dieselbe. Die Hülse erstreckt sich über das Handgelenk und wird durch Schnürung festgehalten.

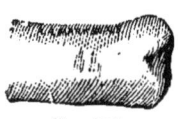  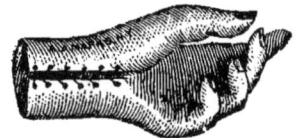

No. 208.   No. 209.   No. 210.

Die Finger sind entweder geschmeidig, steif oder bewegbar, je nach der Thätigkeit, für welche die Hand ausersehen ist. Wünscht die Person sie hauptsächlich zum Heben, so ist es wünschenswerth, die Finger in Form eines Hakens herzustellen und dieselben durch ein eingefügtes Stahlskelett stark und widerstandsfähig zu machen.

Wenn es der Zweck ist, der Hand ein hübsches Ansehen zu geben und dieselbe für leichte Arbeit zu benutzen, so sind die biegsamen Finger vorzuziehen und wenn die Hand nur des guten Aussehens wegen da sein soll, und es wird eine Gummihand von geringerem Gewicht gewünscht, so verdient eine Hand mit weichen, geschmeidigen Fingern den Vorzug.

Da diese Hände und deren Sektionen eigens modellirt werden müssen, so stellen sie sich etwas theuer und kosten von $30 bis $100.

Gyps-Abgüsse von beiden, der gesunden Hand und vom Stumpfe, in guter Weise bis am Vorderarm hinauf genommen sind nöthig, um das Model richtig und passend herzustellen.

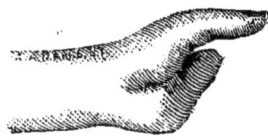   

No. 211.   No. 212.

Abbildung No. 211 repräsentirt eine Amputation der Finger durch die Mittelhand, wobei der Daumen nachgeblieben ist.

Abbildung No. 212 zeigt eine Gummihand für diesen Fall. Dieselbe ist angefügt und wird befestigt wie bei No. 210. Die Preise und nöthigen Abgüsse sind dieselben wie für No. 210 beschrieben.

Einzelne Finger oder Daumen sind aus Gummi hergestellt, passen auf den Stumpf und werden in ihrer richtigen Stellung durch den Handschuh oder eine Lederscheide, je nach Wunsch gehalten. Preis, $15 jeder.

Eine Combination von Messer und Gabel für Personen, welche nur eine Hand benutzen können.

Diese Abbildungen repräsentiren unser neues Kunstwerk für die Bequemlichkeit solcher Personen, welche entweder zeitweise oder permanent des Gebrauches einer ihrer Hände beraubt sind und beim Essen keine künstliche Hand benutzen.

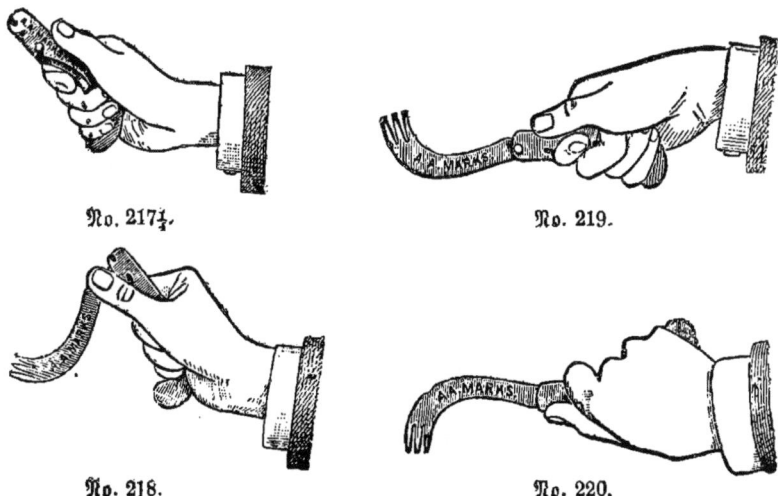

No. 217½.   No. 219.

No. 218.   No. 220.

Es besteht aus Messer und Gabel miteinander verbunden, kann zusammengelegt und in der Tasche getragen werden. Die Messerklinge ist halbmondförmig und ist mit einem Walzenwerk versehen, welches, sobald ein leichter Druck mit dem Handgelenk ausgeübt wird, Fleisch oder sonstige Speisen zerschneidet ohne Gefahr daß dieselben vom Teller gleiten. Durch Umdrehung der Hand kann die Gabel in Position gebracht und die Speise vom Teller zum Munde geführt werden; alles ausgeführt mit einer Hand, mit wenig Anstrengung und ohne Aufsehen zu erregen. Die Messerklinge ist sowohl in offener wie in geschlossener Position völlig gesichert durch eine Verschlußvorrichtung, welche unter Controlle des Daumens steht.

Die Klinge wie der Griff sind aus dem feinsten Stahl fabriziert; das Messer kann in kaltes oder warmes Wasser zum Reinigen gelegt werden, ohne zu springen oder zu rosten.

Wird nach Empfang von $2.00 per Post frei versandt.

Anweisung zum Maßnehmen und zur Herstellung von Profilen für ein Paar künstlicher Arme.

Breite einen großen Bogen Papier auf einem Tische aus; entkleide beide, Arm und Stumpf, oder beide Stumpfe; lege dieselben gestreckt auf das Papier, ungefähr parallel mit einander. Habe die Finger gespreizt, die Handfläche auf dem Papier, mit der Brust hart am Rande des Papiers; halte einen langen Bleistift dicht und senkrecht am entblößten Arm; gehe mit dem Bleistift von der Schulter aus am Arm herunter, um den Stumpf und zurück zur Brust, welches dann ein Profil und die ganze Länge mit Einschluß der Finger gibt. Ist dies richtig gezeichnet, so wird es der Abbildung No. 221 gleichen.

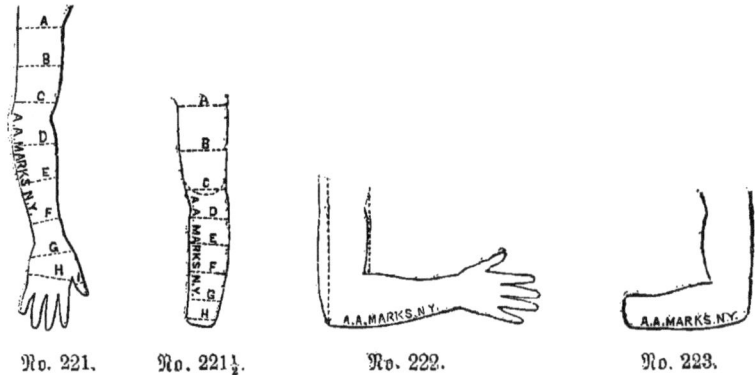

No. 221.   No. 221½.   No. 222.   No. 223.

Biege den Arm zu einem ungefähren rechten Winkel und ziehe eine Linie um denselben in dieser Position, wie in der Abbildung No. 222. Messe die Länge vom Schulterpunkt bis zum Elbogenpunkt, ebenso von der Achselgrube zu der Elbogengrube, wie durch die punktirten Linien in der Abbildung No. 222 angedeutet ist.

Ist die Amputation unterhalb des Elbogens gemacht worden, dann biege den Stumpf am Elbogen zu einem ungefähren rechten Winkel und ziehe eine Linie um denselben, wie in der Abbildung No. 223.

Nimm den Umfang eines jeden Armes und Stumpfes separat, beginnend in einer Linie mit der Brust und in Zwischenräumen von ungefähr zwei Zoll; setze dies abwärts fort bis zum Handgelenk und dem äußersten Ende des Stumpfes. Nimm den Umfang der Hand in der Mitte zwischen dem Handgelenk und der Fingerbasis; nimm den Umfang der Hand unterhalb des Daumens und um die Fingerbasis.

Diese zu messenden Stellen sind durch punktirte Linien repräsentirt in der Abbildung No. 121. Wenn die Amputation in einem der Glieder oder in irgend einem Theile der Hand gemacht wurde, so ist ein Gypsabguß vom Ende des Stumpfes bis aufwärts zum nächsten Gelenk nothwendig. Sind irgend besondere oder schmerzhafte Stellen da, so sollten diese angegeben werden. Beantworte die folgenden Fragen:

Name des Patienten?
Post-Office-Addresse?
Beschäftigung?
Alter?
Gewicht?
Ursache der Amputation?
Wann amputirt?
Welcher Arm ist amputirt worden, der rechte oder linke?
Hat der Patient einen künstlichen Arm getragen?
Wessen Fabrikat?
Name des Bestellers?
Post-Office-Addresse?

Wie ein künstlicher Arm oder ein künstliches Bein zu bestellen ist.

Die Angaben, welche nöthig sind uns als Richtschnur bei der Construktion eines künstlichen Beines oder Armes in Abwesenheit des Patienten mit sicherem Erfolg zu dienen, bestehen in den Messungen und Profilen von Beiden, den amputirten wie den gesunden Gliedern, wie auf Seite 28 für Beine und auf Seite 43 für Arme erläutert. Ein weiteres Formular mit specificirten Instruktionen und Illustrationen wird auf Wunsch abgegeben werden.

Wenn die richtigen Messungen gegeben worden sind, so wird ein zufriedenstellendes Resultat unzweifelhaft erzielt werden. Nachdem diese Messungen und Profile gemacht worden sind, sollte ein Duplicat derselben genommen werden; die Originale nebst einem Briefe mit Instruktionen und Zahlungsanweisung an ein Bankhaus zum Betrag der Bestellung in ein starkes Briefcouvert gelegt und gut versiegelt, mit den nöthigen Postmarken versehen, um direkte Beförderung zu sichern, und addressirt werden, wie folgt:

A. A. MARKS,
701 Broadway,
NEW YORK, U. S. of America.

Wenn der Besteller in einem fremden Lande wohnt und die Postbeförderung kann möglicherweise fehl gehen, die Duplikat-Messungen, eine Abschrift des Briefes mit Instruktionen und eine Duplikat-Anweisung „good if original is not paid" sollten in einem gleichen Briefcouvert, addressirt und der zunächst abgehenden Post übergeben werden. Ein oder beide dieser Packete wird uns gewiß zukommen und sollte eins fehl gehen, so wird das andere dem Besteller viel Unannehmlichkeit und Zeitverlust ersparen; sollten uns beide zukommen, so wird das Duplikat weiter nicht beachtet werden.

Sollte der Patient wünschen, seine Bestellung durch ein Commissionshaus machen zu lassen, so befürworten wir, daß nur solche Häuser gewählt werden, welche eine gute Reputation haben und daß positive Instruktion gegeben wird, daß die Bestellung von A. A. MARKS, New York City, auszuführen ist. Gleicherzeit sollten wir schriftlich direkt benachrichtigt werden, welches Haus mit der Bestellung beauftragt wurde.

Wenn das Glied in Empfang genommen wird, so sehe man nach, ob unser Geschäftszeichen an demselben angebracht ist, sollte dies nicht der Fall sein, so weise man es zurück.

Wir wünschen unsere Geschäftsfreunde gegen irgen welchen Betrug zu schützen, welcher von solchen Mittelsmännern ausgeführt werden mag, die gewissenlos sind, ihre Bestellungen irgend einem Charlatan gegen Erzielung hoher Prozente zu übergeben und ein Glied senden, welches weder die Prinzipien unserer Erfindung noch die Garantien unseres Etablissements einschließt.

Wie ein Gypsabguß zu nehmen ist.

Solche Abgüsse sind nur da nothwendig, wo die Stumpfe oder mißgestalteten Glieder Unregelmäßigkeiten oder Auswüchse aufweisen, welche nicht durch eine Zeichnung oder sonstwie genau beschrieben werden können. Gewöhnliche Amputationen in den Gelenken, Elbogen, Handgelenken, im Knie oder Knöchel, oder Amputationen in den Füßen oder Händen, hinterlassen Stumpfe, welche besser durch Gypsabdrücke als durch Zeichnungen exakt besorgt werden können; wenn übrigens der Patient selbst beim Anpassen gegenwärtig ist, so ist es nicht nöthig Gypsabdrücke zu nehmen.

Als Erklärung einer einfachen Methode einen sog. schwierigen Gypsabguß zu nehmen, wollen wir denselben durch den Abguß eines Beines und Stumpfes von einer Amputation, welche im Spann gemacht wurde, veranschaulichen.

No. 359.   No. 360.

Man nehme ungefähr sechs Quart feingemalenen, schnellerstarrenden Gyps. Präparire den Stumpf durch Entfernung aller Bekleidung und Haare. Reibe das Bein oder den Stumpf mit ein wenig Vaselin, Fett oder Öl ein. Ziehe eine Schnur um den Stumpf und halte die Enden derselben wie in Figur 359.

Schütte ungefähr zwei Quart des Gypses in ein Becken, gieße ein Quart Wasser dazu und rühre die Masse gut zusammen (die Masse sollte ungefähr die Konsistenz von Baumörtel haben); streiche die Masse entlang der Schnur, so daß sie sich an der Seite des Beines ansetzt, wie in No. 360.

Jetzt streiche die Masse schnell über das Bein und den Stumpf; sollte die gemischte Masse nicht ausreichen, mische mehr so schnell wie möglich und fahre fort, dieselbe auf das Bein auszubreiten, bis dasselbe vom Knie bis und um den Stumpf herum mit wenigstens einer halbzölligen Masse von Gyps bedeckt ist. Sobald der Gyps ein wenig

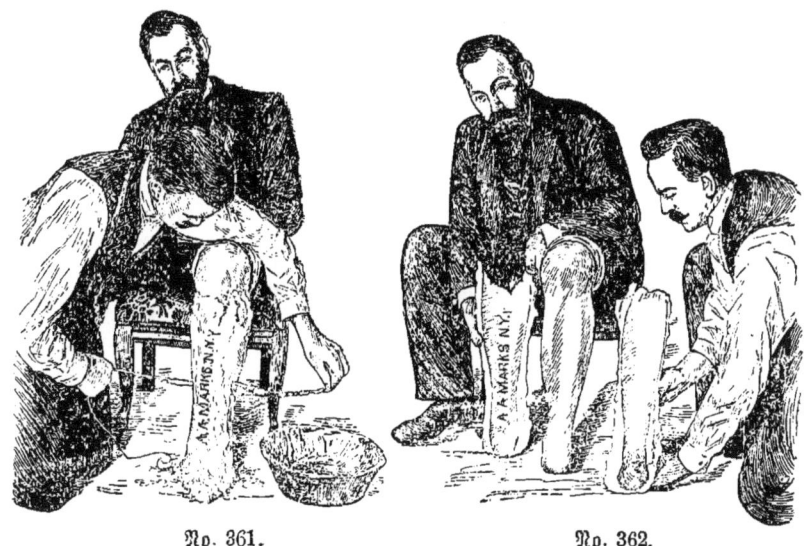

No. 361.   No. 362.

hart ist, ziehe die Enden der Schnur abwärts, so daß die Masse an beiden Seiten durchschnitten wird, wie in der Abbildung No. 361. In dieser Weise zerschneide den Gyps seiner ganze Länge nach und um das Ende herum; sobald dies gethan ist, lasse dem Gyps Zeit um ganz hart zu werden, alsdann wird er in zwei Stücken vom Bein entfernt, wie in der Abbildung 362.

Diese beiden Theile sollten inwendig gut geölt und dann richtig passend zusammengesetzt werden. Wenn der Gyps zerbrochen ist, so können die Stücke sorgfältig zusammengesetzt und die ganze Schale mit Bindfaden umwickelt werden. Dies wird dann eine Matrize bilden. Streiche etwas dünne Masse auf die Säume und Ritzen und mache sie dadurch dicht. Nun mische man zwei oder drei Quart Gyps; dieses Mal ziemlich dünn, ungefähr so wie Syrup. Zwei Quart Gyps zu drei Quart Wasser. Fülle die Matrize mit dieser dünnen Masse, wie in der Abbildung 363; nachdem die Matrize gefüllt ist, stelle man sie für zwei bis drei Stunden zur Seite. Wenn die Masse sich vollständig verhärtet hat, kann die Schale oder Matrize sorgfältig entfernt oder weggebrochen werden und man hat dann ein getreues Facsimile des Beines oder Stumpfes.

No. 363.

Künstliche Glieder passend angefertigt nach dem Maß, ohne die Gegenwart des Patienten.

Wir beanspruchen die Ersten gewesen zu sein, welche diese bequeme und höchst wichtige Methode in Anwendung gebracht haben. Schon vor Jahren, nachdem wir Erfahrung im Anpassen in mehreren Hunderten von Fällen gesammelt hatten, richteten wir unsere Aufmerksamkeit darauf, die Fabrikate nach Maß passend zu machen, namentlich zur Bequemlichkeit solcher Patienten, welche weit entfernt wohnen und denen eine Reise nicht gut möglich war. Wir vereinigten alle Thatsachen, welche wir gesammelt hatten, und machten uns durchweg bekannt mit der Anatomie der Extremitäten, und auf Grund dieser gelangten wir zu feststehenden Regeln, welche, geleitet durch sorgfältiges Profil- und Maßnehmen ein System ergaben, mit welchem das Passend-machen nach Maßnehmen eine vollendete Thatsache wurde. Dies ist ein Fortschritt, für welchen wir einige Beachtung beanspruchen.

Es konnte kaum erwartet werden, daß Personen, welche in entfernten Staaten oder Territorien wohnen, willig sein würden, sich einer langen, beschwerlichen Reise zu unterziehen um ein künstliches Glied zu erlangen. Solche Reise würde nicht allein sehr kostspielig sein, sondern auch Verlust von Zeit, und mehr oder weniger Schwierigkeiten verursachen. Wenn diese Thatsachen in Betracht gezogen werden, so könnte dem Krüppel schließlich nichts übrig bleiben, als auf ein gutes künstliches Glied zu verzichten, zu nehmen, was gerade in der Nähe zu haben ist, oder sich für den Rest seiner Tage mit Krücken zu behelfen.

Unsere Patronage verbreitet sich über die ganze Welt. Im Laufe der letzten Jahre haben wir künstliche Glieder versandt nach Plätzen in Europa, Asien, Afrika, Nord-, Süd- und Mittel-Amerika; nach den Inseln des atlantischen und stillen Ozeans. Mit wenigen Ausnahmen wurden diese Glieder nach Maßnehmen passend hergestellt und versandt. Es mag hier noch bemerkt werden, daß manche Kunden, welche nur eine kurze Strecke von hundert Meilen entfernt wohnen, es vorziehen, daß ihre Bestellung nach Maßnehmen ausgeführt wird, als daß sie sich einer unbequemen Reise unterziehen und persönlich kommen.

Wir sind im Stande, dies Passendmachen nach Maßnehmen zu empfehlen, und um den Besteller jeder Verantwortlichkeit zu entheben, übernehmen wir jedes Risiko hinsichtlich des Passens und der Brauchbarkeit. Dabei muß bemerkt werden, daß, sollte das Glied nicht passen, wir willens sind ein neues nach nochmaligem und sorgfältigerem Maßnehmen herzustellen. Wir thun dies auf eigene Kosten und erwarten vom Besteller nur die Zahlung der Transportkosten.

Sollten Fälle eintreten, in welchen zwei oder mehrmalige Versuche die Glieder nach Maßnehmen nicht erfolgreich sind wegen Unregelmäßigkeiten im Stumpf oder wegen ungenügender und unverständlicher Ausführung des Maßnehmens oder der Profile, dann beanspruchen wir das Recht, den Patienten selbst zu sehen. Wir wünschen hier so verstanden zu werden, daß es für uns selbst angenehmer ist und wir vorziehen, den Patienten selbst zu sehen und das Bestellte anzupassen, und wenn der Patient kommen will, so versprechen wir, daß derselbe ohne Zeitverlust sogleich von uns bedient werden wird. Personen, welche Glieder bestellen ohne daß sie gegenwärtig sind, werden ersucht, das Maßnehmen mit aller Sorgfalt auszuführen und zu besorgen.

Wenn sich Fehler einschleichen, so werden dieselben gewöhnlich schon bei genauer Prüfung entdeckt, ehe das Glied gemacht wird und werden neue Schemas gesandt für korrekteres Maßnehmen und richtigere Zeichnungen. Das System ist derart, daß Jemand nicht leicht einen Fehler machen kann, wenn er sich genau nach den deutlich gegebenen Vorschriften richtet.

Es giebt einige Fälle, in denen Amputationen in den Gelenken gemacht werden, wo Gypsabgüsse unbedingt nothwendig sind; aber alle gewöhnlichen Amputationen werden mit Erfolg nach Maßnehmen und Zeichnung behandelt. Gedruckte Instruktionen werden stets mit jedem Gliede versandt, in welchen ausführliche Anweisung gegeben ist, wie das Glied behandelt und am vortheilhaftesten benutzt wird.

Zahlungs-Termin.

Zahlung wird mit jeder Bestellung erwartet. Wenn es dem Besteller gelegener ist, so wird die Hälfte der Summe angenommen und der Rest ist nach Fertigstellung und bei Ablieferung des Gegenstandes zu zahlen. Diejenigen, welche es für ungerecht halten, daß die Zahlung im Voraus verlangt wird, sollten bedenken, daß ein künstliches Glied auf Bestellung und nur für die eine betreffende Person gemacht wird; es ist nicht anzunehmen, daß dasselbe einer anderen Person passen wird und von irgend einem anderen Invaliden benutzt werden kann.

Es wird hierdurch die Nothwendigkeit des Vorausbezahlens oder mindestens eines Theiles der Summe als Garantie dafür, daß die Bestellung ernstlich gemeint ist, einleuchtend sein.

Im Falle eines Fehlers oder schlechten Passens halten wir uns selbst strikt verantwortlich und werden den Fehler herbessern, gleichviel, ob unsere Arbeiter oder der Patient denselben verschuldet.

Es ist von manchen Correspondenten vorgeschlagen worden, das Geld in der Bank oder bei einer verantwortlichen Person zu deponiren, und daß die Zahlung erst dann erfolgen soll, wenn das Glied fertiggestellt ist und für passend befunden wurde. Wir weisen solche Anträge ein für allemal zurück. Schon eine oberflächliche Erwägung wird zu der Ueberzeugung führen, daß unser Standpunkt ein nothwendiger und gerechtfertigter ist.

Ein neues künstliches Glied, gleichviel, wie gut und passend es gemacht ist und wie sehr es sich für den vorliegenden Fall eignet, gefällt dem Invaliden im Anfang sehr selten; in den meisten Fällen zeigt sich eine Enttäuschung, welche nur durch den steten Gebrauch und durch Ausdauer überwunden wird. Wenn die Arrangements hinsichtlich der Zahlung von dem ersten Eindruck abhängig gemacht werden sollten, so könnte der Fabrikant umsonst arbeiten, denn die bestellende Partei würde geradezu verneinen und abweisen, was sich später als ein großer Segen erweist. Deßhalb ist es nicht zu umgehen, daß der bestellenden Partei Verpflichtungen auferlegt werden, welche sie bestimmen, mit aller Energie sich an den Apparat zu gewöhnen. Vorausbezahlung hat sich stets als sehr wirksam erwiesen. In Hinblick auf diese Thatsachen werden wir stets an unserer Methode festhalten. Gleichzeitig machen wir uns verbindlich, brauchbare und gute Artikel zu liefern, und werden mit Vergnügen stets bereit sein, solche Aenderungen an denselben vorzunehmen, welche für nothwendig und als eine Verbesserung betrachtet werden, ohne dem Invaliden dafür etwas, außer den Transportkosten, zu berechnen.

Garantie.

Jedes von uns verfertigte Glied ist geschützt durch folgende Garantien:

Material, Arbeit und Dauerhaftigkeit wird als fehlerfrei garantirt. Sollte sich irgend ein Defekt zeigen, so verpflichten wir uns, denselben kostenfrei zu beseitigen, vorausgesetzt, daß uns das Glied übergeben wird, sobald solche Defekte ausgefunden worden sind. Diese Garantie bleibt für einen Zeitraum von fünf Jahren, von der Zeit der Ablieferung an gerechnet, in Kraft.

Wir betrachten diese Garantie als eine jedem denkenden Menschen genügende.

Es muß hier darauf aufmerksam gemacht werden, daß wir uns nicht verbindlich machen, das Glied während der Dauer von fünf Jahren in Reparatur zu halten, ohne Rücksicht auf Unfälle, ungeschickte Behandlung oder Vernachlässigung. Ebensowenig machen wir uns verbindlich, ein Glied anders zu konstruiren, um dasselbe den Veränderungen anzupassen, die möglicherweise im Stumpf vorgegangen sind.

Eine schriftliche Garantie begleitet jedes Glied.

Pensionäre der Ver. Staaten werden mit künstlichen Gliedern auf Rechnung der Regierung versehen.

Künstliche Glieder werden von der Regierung der Vereinigten Staaten an Pensionäre auf Grund des nachfolgenden Gesetzes geliefert:

„Jeder Offizier, oder einrollirte oder angeworbene Mann, welcher ein Glied oder den Gebrauch eines Gliedes im Militär- oder Marinedienst der Vereinigten Staaten verloren hat, ist berechtigt, alle drei Jahre ein künstliches Glied oder einen Apparat zu erhalten. Die dreijährige Periode wird von der letzten Verfallzeit nach dem 3ten März 1888 an gerechnet."

„Nöthige Transportation nach der Fabrik und Zurückbeförderung auf dem meist eingeschlagenen direkten Wege wird denen gewährt werden, welche es wünschen, um sich in den Besitz eines künstlichen Beines zu setzen; diese Gewährung aber bezieht sich nur auf diesen Zweck."

Die Benutzung von Schlafwägen wird auf Verlangen gewährt.

Als Fabrikanten für die Regierung wurden wir genöthigt, Bürgschaften zweier Bürgen im Betrage von fünf tausend Dollars zu geben für die gewissenhafte Ausführung unserer Arbeit.

Nachdem wir dieser Anforderung nachgekommen sind, werden Bestellungen (und diese sind bereits seit den letzten fünfundzwanzig Jahren) auf uns ausgefertigt, nachdem eine ordnungsmäßige Applikation des Pensionärs gemacht worden ist. Die Anzahl der Glieder, welche wir unter diesem Gesetz verfertigt haben, ist größer, als irgend ein Fabrikant sich rühmen kann, und da eine Lieferung der anderen auf dem Fuße folgt, so sind die Applikationen stets im Zunehmen.

Formulare und Instruktionen zur Beanspruchung der künstlichen Glieder auf Kosten der Regierung, werden jedem Pensionär gesandt werden, welcher solche Applikation zu machen wünscht; gleichfalls Formulare für Her- und Zurückbeförderung von irgend einem Theile der Vereinigten Staaten, für den Zweck, sich mit einem künstlichen Gliede versehen zu lassen.

Wenn die Pensionäre es wünschen, können sie ihre Regierungsglieder nach Maßnehmen gefertigt und dieselben zugeschickt erhalten, ebenso, wie andere Personen, die nicht Soldaten sind, und auf diese Weise die Zeit und Umständlichkeit einer langen Reise ersparen. Unser System des Maßnehmens, verbunden mit langjähriger Erfahrung, sichert die besten Resultate. Wir verwahren alle alten Maße sowohl, als einen vollständigen Bericht über alle verfertigten Glieder, in einem feuerfesten eisernen Schranke und sind im Stande zu jeder Zeit eine Bestellung zu wiederholen.

Viele Personen machen sich unsere Facilitäten und Kunstfertigkeit zu Nutze und sparen ihre Zeit und ihr Geld, indem sie ihre Glieder nach dem Maß verfertigen lassen.

Jeder Pensionär, welcher ein künstliches Glied bedarf, sollte von der Generösität der Regierung Gebrauch machen; indem er das thut, sichert er sich den allerbesten Artikel und ist geschützt durch die Regierung,

Amputationen, wünschenswerthe Punkte und die Art der Operationen, welche sich am besten für den Gebrauch künstlicher Glieder eignen.

Eine Amputation, welche mit gewünschtem Erfolg für die Benutzung eines künstlichen Gliedes gemacht wurde, wird das Problem der Lieferung eines nutzbaren Artikels wesentlich vereinfachen. Im anderen Falle, wenn die Amputation ohne Rücksicht auf die künstliche Ersetzung gemacht wurde, ist der Patient vielleicht gezwungen, mit seinem Stumpfe, ohne ein künstliches Glied benutzen zu können, so gut es geht, fertig zu werden. Der letzte Fall fordert immer eine unangenehme Kritik über die Geschicklichkeit des Chirurgen heraus und er wird meistens als ein Beweis seiner Ungeschicktheit betrachtet.

Deßhalb kann der Chirurg nicht vorsichtig genug bei der Operation und bei der Wahl des Amputationspunktes sein, nicht allein zum besten seines Patienten, sondern auch zur Wahrung seiner eigenen Reputation.

Unsere Verbindung mit tausenden von Amputationen jeden Charakters hat uns in den Stand gesetzt, dem Operateur einige Winke zu geben, welche ihm bei der Ausführung seiner guten Absichten von Nutzen sein dürften. Wir erlauben uns deßhalb einige Rathschläge zu geben.

In erster Linie sollte der Chirurg sich einige Kenntniß von künstlichen Gliedern verschaffen. Er sollte wissen, wo der Tragpunkt bei jeder Art von Amputation genommen werden kann. Er sollte sich bekannt machen mit den Veränderungen, welchen der Stumpf nach der Benutzung eines künstlichen Gliedes unterworfen ist, so daß er den Stumpf in solcher Weise behandelt, daß diese Veränderungen auf das Minimum beschränkt werden. Unter diesen drei Ueberschriften beabsichtigen wir den Gegenstand zu behandeln.

Erstens. Der Chirurg sollte sich einige Kenntniß von künstlichen Gliedern verschaffen. Dies ist wichtig, weil die erfolgreiche Benutzung eines künstlichen Beines zum Theil davon abhängt, wie er seine Amputation ausgeführt hat und dann auch, weil der Chirurg der erste Mann ist, welcher vom Patienten um Rath gefragt wird. Wenn er Unkenntniß zeigt, so könnte in dem Patienten ein Verdacht Platz greifen, daß das ganze Verfahren möglicher Weise fehlerhaft gewesen sei. Und wenn, im anderen Falle, um seine Unkenntniß zu verbergen, der Chirurg dem Patienten eine überschwängliche Idee von künstlichen Gliedern gegeben hat, so wird der Patient, wenn er etwas träumerischen Charakters ist, selbst durch die besten Artikel des genialsten Fabrikanten, nicht zufrieden gestellt werden können; er wird fortwährend auf der Suche sein nach dem utopischen Gliede, welches seine Erwartungen verwirklicht.

Jeder Chirurg kann sich in ein paar Stunden mit künstlichen Gliedern bekannt machen, soviel es seine Praxis benöthigt; wenn er einen Fabrikanten besuchen kann, welcher Erfahrung besitzt, so ist eine einstündige Unterredung mit demselben genügend; wenn dies nicht gut möglich ist, dann wird die Durchsicht des Pamphlets eines erfahrenen Fabrikanten ihn über den Gegenstand Aufklärung geben.

Zweitens. Er sollte wissen, wo die Tragpunkte bei jeder Amputation genommen werden können, um die Wahl bei der Amputation verständig zu treffen.

Eine Amputation durch den Schaft der Knochen, oder mit anderen Worten zwischen den Gelenken, läßt das Ende des Stumpfes ungenügend beschützt um einen Druck ertragen zu können; folglich ist es nöthig, das Gewicht theilweise auf die Seiten des Stumpfes durch Zusammenpressen, theilweise auf den Gegendruck des künstlichen Beines zu den umfangreicheren Theil des Stumpfes zu legen. Das bedeutet, für amputationen im Schenkel, daß das Gewicht von den Seiten des Stumpfes oberhalb des

Endes und in der Gegend der Hüfte getragen wird. Für Amputationen im unteren Beine wird das Gewicht an den Seiten, oberhalb des Endes und von der Fläche der inneren und vorderen Knochentuberkeln des oberen Theiles der Kniepfanne getragen.

Die Ausnahmen von dieser Regel sind zu selten um erwähnt zu werden.

Bei Entgliederungen, in welchen die Articularflächen nicht berührt worden sind und die Narbenhaut sich in gutem Zustande befindet, kann das Gewicht des Körpers mit vollkommener Sicherheit und zur großen Erleichterung des Invaliden vom Ende des Stumpfes getragen werden.

Bei Amputationen des Schenkels ist es eine vorzügliche Regel, alle Knochen so viel als möglich zu schonen; man schütze die Knochen mit genügender Beinhaut (periostium) und ziehe die Fleischtheile gut nach hinten, um die Vernarbung so weit als möglich vom Ende des Knochens zu haben.

Amputationen in den Kniegelenken sind sehr vortheilhaft und denen an irgend einem Punkte oberhalb vorzuziehen.

Eine unglückliche Praxis existirt demungeachtet bei manchen Chirurgen durch die Beschneidung der Condylus (Knochenknoten) bei Kniegelenk-Amputationen. Wir sind Gegner dieser Methode, weil das Beschneiden der Condyles in den meisten Fällen es unmöglich macht, auf dem Ende zu tragen, und jeder Angriff auf die Condyles zur Folge hat, daß die natürlichen Polster an den Gelenkflächen zerstört oder unbrauchbar gemacht werden, um das Gewicht des Patienten zu tragen. Wenn die Patella in den Zwischenraum der Condyles gebracht werden kann, ohne Gefahr des Herausgleitens, so ist es wünschenswerth dies zu thun, indeß die Vorzüge, die Patella beizubehalten, sind nicht hinreichend, eine spätere Veränderung im Placiren zu riskiren. Der Fleischlappen für diese Amputation sollte vom vorderen Theile genommen werden, so daß die Vernarbung ziemlich hinten hinauf vom Stumpf vor sich gehen kann.

Wir empfehlen bei allen Kniegelenk-Amputationen das Gewicht auf das Stumpfende zu legen, wenn dies irgend möglich ist; und finden, daß die besten Erfolge erzielt werden, wenn der Patient im Stande ist den Vorzug dieses Umstandes zu genießen.

Bei Amputationen unterhalb des Knies ist es wünschenswerth, an der Länge bis zur Mitte und dem unteren Drittel zu sparen; zwischen diesem Punkte und dem Knöchelgelenk hat das Sparen an der Länge des Knochens keinen Werth. Bei Amputationen unterhalb des Knies ist es von großer Wichtigkeit, das Ende der tibia mit Beinhaut gut zu bedecken und den Lappen gut über das Ende des Knochens zu ziehen, um Adhäsion zu vermeiden.

Die für den Gebrauch eines künstlichen Fußes günstigste Knöchelgelenk-Amputation ist die, welche als die Symes'sche bekannt ist. Diese Amputation läßt den Stumpf so, daß er die größten Vortheile bietet. Bei der Symes'schen Amputation ist es nicht nothwendig, daß etwas von der Knochenfläche weggeschnitten wird; die Cicatrix sollte an die vordere Oberfläche, etwas über dem Ende placirt werden.

Das Ende des Stumpfes trägt das Gewicht, und der Patient kann mit einem Bein versehen werden, welches in jeder Hinsicht seinen Zweck erfüllt und am wenigsten kostet.

Pirogoff's Amputation nimmt den zweiten Platz nach der Symes'schen ein. Es ist wenig Unterschied unter diesen beiden, doch wird die Symes'sche vorgezogen.

Chopart's und Hey's Amputationen des Fußes durch die metatarsals (den Mittelfuß), und alle anderen Fußtheil-Amputationen sind bis zur neueren Zeit als ungünstig betrachtet worden und man hat versucht, Chirurgen von diesen Amputationen abzuhalten. Die Erfindung der Aluminium-Hülse, welche im vorderen Theile dieses Buches beschrieben wurde, hat thatsächlich jede Einwendung gegen diese Amputationen beseitigt und wir sind jetzt in der Lage zu empfehlen, die möglichst wenigsten Theile in Mitleidenschaft zu ziehen, um die verletzten Theile zu entfernen.

Amputationen der oberen Extremitäten, oder Arme, können mit Sicherheit nach einer Regel vorgenommen werden.—diese ist, die möglichste Länge zu erhalten, mit Vorzug von Entgliederung, gegen Amputationen oberhalb der Gelenke. Die Nützlichkeit einer künstlichen Hand, verglichen mit einer natürlichen, ist bedeutungslos; deßhalb ist es wünschenswerth, zu erhalten, was zu erhalten ist. Eine Exjektion der ulna, des radius, humerus, oder irgend einer der Artikulationen, welche die Hand oder auch nur einen Theil derselben am Platze und unter Controlle der Muskeln hält, sollte unter allen Umständen einer Amputation vorgezogen werden. Ein einziger Finger oder auch die metacarpi werden sich von größerem Nutzen erweisen als irgend eine künstliche Hand, die bis jetzt erfunden ist. Unser Ersuchen an die Chirurgen ist deßhalb, bei allen Operationen in den oberen Extremitäten so viel zu retten, als nur möglich ist.

D r i t t e n s. Die Veränderungen, denen der Stumpf bei Benutzung eines künstlichen Gliedes unterworfen ist und welchen in einem gewissen Grade vom Chirurgen vorgebeugt werden kann.

Die meist unveränderliche Tendenz eines Stumpfes gleich nach der Genesung von der Amputation ist die Ansammlung von Fett.

Der Effekt eines künstlichen Gliedes auf einen Stumpf in diesem Zustande ist, diese fetten Gewebe zu entfernen und den Stumpf hart und solid zu machen; diese Veränderung ist wünschenswerth, weil der Stumpf nie eine Controlle über das künstliche Glied vortheilhaft ausüben kann, bis diese Veränderung Platz gegriffen hat. Es folgt hieraus aber unglücklicherweise, daß wenn diese Veränderung erzielt ist, der Stumpf nicht zum künstlichen Gliede paßt, da der Stumpf dünner wird und das Glied dann zu weit ist. Es ist allerdings wahr, daß der Patient den Stumpf umwickeln oder die Hülse des Gliedes ausfüttern kann, aber beides ist nicht empfehlenswerth, weil dadurch das Gewicht erhöht und die Bequemlichkeit beinträchtigt wird. Der beste Weg indeß ist, eine neue Hülse anzuschaffen, welche zu dem reduzirten Stumpfe paßt.

Der Chirurg hat es meistens in seiner Macht, diesen Veränderungen vorzubeugen, und zwar dadurch, daß der Stumpf fest vom Ende aufwärts Bandagirt wird, beginnend gleich nach der Heilung und fortfahrend bis das künstliche Bein in Benutzung kommt. Feste Bandagen lassen den Stumpf nicht wachsen, sondern werden ihn in dünneren Dimensionen halten. Neben festen Bandagen hält Reiben oder Massage, mit gelegentlichem Baden in klarem Wasser den Stumpf in einem gesunden Zustande.

Das öftere Bewegen der Gelenke, genügend stark, um die Sehnen in ihrer Spannkraft zu üben, wird ihnen die volle Beweglichkeit erhalten und die Neigung zur Lähmung oder Zusammenziehung beseitigen.

Der Tag kann als ein glücklicher betrachtet werden, an dem die medizinischen und chirurgischen Institute des Landes ihren anderen Lehrfächern auch die Sache der Amputationen und die Behandlung des Stumpfes mit Rücksichtsnahme auf künstliche Glieder hinzufügen. Bis zur gegenwärtigen Zeit hat der Operateur von der Erfahrung zu lernen; er ist ganz auf sich selbst angewiesen, und da er meist ein sehr beschäftigter Mann ist, so hat er kaum die Zeit über die Sache nachzudenken, die ihm nur von geringer Wichtigkeit scheint. In Folge hiervon verfällt er möglicherweise in unliebsame Fehler.

Die Fortsetzung des Bandagirens, nachdem der Stumpf geheilt und gesund ist, um denselben in dünnen Dimensionen zu erhalten, ist so unnatürlich, daß der Gedanke nur langsam die Nützlichkeit dieses Vorgehens begreift; das Gegentheil wird möglicherweise erzielt—das Wachsen des Stumpfes zu den Dimensionen des anderen, gesunden Gliedes.

Wie lange nach der Amputation sollte ein künstliches Glied angeschafft werden?

Die Erfahrung lehrt, daß die passendste Zeit zur Anschaffung eines künstlichen Gliedes die möglichst baldige nach der Heilung und der Genesung von dem Unfall ist. Wir haben bereits die Aufmerksamkeit des Lesers auf die Thatsache gelenkt, daß der Stumpf gleich nach der Heilung anfängt an Dicke zuzunehmen und daß die Glieder sich zur Entnervung und die Muskeln sich zur Lähmung hinneigen. Um dies zu verhüten, haben wir das Bandagieren, Massage, und öftere starke Bewegung der Gelenke empfohlen, was so lange fortzusetzen ist, bis das künstliche Glied zur Benutzung kommt. Sobald ein künstliches Glied in Benutzung genommen ist, kontrollirt dieses die Tendenzen.

Wir haben Glieder Stumpfen angepaßt innerhalb eines Monats nach der Amputation und zwar mit sehr gutem Erfolg; diese Zeit ist indeß für gewöhnlich zu kurz. Eine sichere Regel ist die, daß ein künstliches Glied in Benutzung genommen wird, sobald der Stumpf geheilt und der Patient im Stande ist, umherzugehen.

Den Patienten wird häufig empfohlen, mit der Anschaffung zu warten, bis der Stumpf hart und zähe geworden ist. Diese Rathschläge zeigen einen Mangel von Sachkenntniß. Nichts als Benutzung wird die Glieder des menschlichen Körpers hart und zähe machen. Die Sohlen unserer natürlichen Füße sind hart und hornig durch das fortwährende Gehen. Die Hände eines Arbeiters sind hart und stark von stetigem Gebrauch, während jene des Nichtarbeiters weich, empfindlich und zart sind; nichts als die Thätigkeit erhält unsere Glieder stark und geschmeidig. Laß einen gesunden Arm während eines Monats unthätig und die Folge wird sein, daß derselbe so entnervt wird, daß es eine gewisse Anstrengung erfordert, ihn zu bewegen. Ein Stumpf, welcher unnütz am Körper herabhängt, hat dieselben entnervenden Veränderungen zu erleiden; deßhalb sagen wir, benutze ein Bein oder einen Arm so bald als möglich nach der Heilung und Genesung von dem Unfall.

Kinder.

Kinder, welche eins oder beide ihrer Glieder verlieren, ehe sie ihr volles Wachsthum erreicht haben, werden häufig aus dem Grunde davon abgehalten, künstliche Glieder zu benutzen, weil sie aus denselben herauswachsen. Dies scheint im ersten Anblick ein genügender Grund zu sein, doch ein wenig Nachdenken wird zeigen, daß es ein übler Rath ist. Das Wachsthum des Kindes und seine symmetrische Ausbildung sollte zuerst in Betracht gezogen werden. Die Benutzung eines künstlichen Gliedes ist die einzige Methode, durch welche des Kindes Wachsthum geleitet und die körperliche Ausbildung zu einer ebenmäßigen und symmetrischen gemacht werden kann.

Ein künstliches Glied kann zu irgend einer Zeit für einen Kostenpreis verlängert werden, welcher fünf Dollar nicht übersteigt und manchmal weniger kostet. Es mag hier am Platze sein, zu bemerken, daß die von uns verfertigten Glieder einen höchst wichtigen Vorzug vor allen anderen in dieser Hinsicht durch das Fehlen von complicirten Schnüren und Federn beanspruchen, somit den größten Kostenpunkt beim Verlängern des Gliedes und beim Passendmachen für den im Wachsthum begriffenen Patienten ersparen.

Der allerwichtigste Punkt welcher in dieser Frage in Erwägung gezogen werden sollte ist, wie können wir diesem zarten jugendlichen Körper am besten helfen? ihm Krücken zur Benutzung geben, daß er aufwächst mit runden Schultern, einseitig oder mißgeformt, wie es nach langem Gebrauch von Krücken meistens der Fall ist? oder gleich für ein Substitut sorgen, darauf zu achten, daß die Verlängerung zur rechten Zeit geschieht und dadurch den unangenehmen Anblick eines Krüppels zu vermeiden und (von der großen Unbequemlichkeit ganz abgesehen) dem Patienten den empfindlichen Effekt zu ersparen? Eine andere sehr wichtige Thatsache sollte ebenfalls in Erwägung gezogen werden und die ist, daß ein Kind, welches ohne ein künstliches Glied aufwächst und statt dem Stumpf eine Thätigkeit zu geben, denselben beeinträchtigt entweder durch permanentes Erschlaffen oder durch Entnerven. Ist ein künstliches Glied zu rechter Zeit in Benutzung genommen und das Kind wächst mit demselben auf, so gewöhnt es sich an dasselbe und wird ein Meister in der Benutzung desselben. Kein Kind, welches ein Bein in irgend einem Alter verliert, sollte ohne ein Substitut auch nur ein Jahr lang nachdem der Stumpf geheilt ist, gehen. Wenn ihr ohne Mittel seid, ein Glied anzuschaffen, so wendet euch an eure Freunde um Mithülfe oder ermöglicht es sonst, damit das Kind nicht als ein bedauernswerther Anblick eures und seines Unglücks heranwächst.

Um diese thoretischen Ausführungen mit thatsächlichen Erfahrungen zu verbinden, geben wir hier folgende Fälle:

No. 227.   No. 228.

Mabel Thompson, Abbildung No. 227 wurde ihr Bein nahe des Kniegelenkes amputirt als sie erst neun Monate alt war — bevor sie zu kriechen begann. Der Stumpf stand, weil er nicht benutzt wurde und um besser geschützt zu sein, bald rückwärts, bald aufwärts. Es entstand eine sichtliche Neigung zum Ersteifen des Knies.

Nach einer Consultation mit dem Chirurg wurde beschlossen, daß ein künstliches Bein hergestellt werde, welches, mit Gelenken in Harmonie mit dem natürlichen Knie, sich schwinge und den Stumpf so stelle, als das Kind getragen würde, um dadurch der Lähmung des Stumpfes vorzubeugen und die volle Beweglichkeit zu sichern. Wir versahen sie mit einem Bein, als sie ungefähr ein Jahr alt war. In kurzer Zeit begann sie zu kriechen. Einige Monate nachher waren ihre Eltern erstaunt, sie allein aufrecht stehen zu sehen. Bald begann sie zu gehen und zur Zeit als wir dies schreiben, ist das Kind noch nicht ganz fünf Jahre alt und geht, läuft und vergnügt sich ungefähr ebenso wie jedes andere Kind ihres Alters. Abbildung No. 228 zeigt das Kind mit dem künstlichen Beine in Benutzung.

Das Bein ist verlängert und vergrößert worden um es ihrem Wachsthum anzupassen und die Kosten waren nicht größer als für Erneuerung von Krücken. Wäre dies Kind in seiner ersten Jugend vernachlässigt worden, es würde ein schwaches, hülfloses Object des Mitleids geblieben sein, statt des frohen, gesunden und rührigen kleinen Mädchens, wie die Abbildung dasselbe darstellt. Bei näherer Untersuchung würde man einen Stumpf finden, zusammengeschrumpft, schwach und fast leblos, eine Bürde für ihre ganze Lebenszeit. Jetzt ist ihr Stumpf ein Muster von Gesundheit, Kraft und Brauchbarkeit und wird nie aufhören, ein künstliches Bein mit Vortheil, Bequemlichkeit und Natürlichkeit zu kontrolliren.

No. 229.   No. 230.

Abbildung No. 229 repräsentirt ein kleines Mädchen im Alter von acht Jahren; eine Ansicht zeigt ihren Stumpf und das künstliche Bein; in der anderen ist sie angekleidet und fertig zum Gehen. Dieses Mädchen wuchs auf, entwickelte sich und ist zur Zeit wir dies schreiben eine stattliche Dame, graziös und proportionirt.

Würde sie jetzt so gutgeformt, gesund, und fähig sein den Platz in ihrer Sphäre auszufüllen, wenn sie ohne dies Substitut aufgewachsen wäre? Die Abbildung No. 230 zeigt deutlich, was sie jetzt ist.

No. 231.   No. 232.

Abbildung No. 231 repräsentirt Herrn Thomas Kehr, seinen Stumpf zeigend. Im Alter von zehn Jahren wurde er von einem Straßenbahnwagen überfahren, welches die Amputation beider Beine, das eine oberhalb, das andere gerade unterhalb des Knies nothwendig machte. Im Dezember 1875, (ungefähr ein Jahr nach dem Unfall) versahen wir ihn mit zwei künstlichen Beinen, wie in der Illustration.

Nach Verlauf von zwei Wochen ging er mit Hülfe eines Stockes. Zwei Monate vergingen und er war im Stande ohne Unterstützung umher, treppauf, treppab, überhaupt hinzugehen, wohin er wünschte und zwar mit solcher Leichtigkeit, daß es in Anbetracht seiner kurzen und ungünstigen Stumpfe geradezu wunderbar war.

Socken für Stumpfe.

Die Frage ist häufig von unerfahrenen Personen aufgeworfen worden: „Ist die Hülse des künstlichen Gliedes gefüttert, oder wodurch wird der Stumpf vor der Berührung mit dem Holze geschützt?" Unsere Antwort auf diese Frage ist, daß gegen die Fütterung oder Polsterung, welche in Hülsen gefunden wird, Einwendungen zu erheben sind. Wenn aus einem absorbirenden Material hergestellt, sind diese permanenten Fütterungen und Polsterungen wegen der Respiration des Stumpfes nachtheilig; sie verhärten sich, werden rauh und sind aus mehreren anderen Gründen verwerflich. Die beste Methode welche wir kennen, ist, über den Stumpf einen oder mehrere

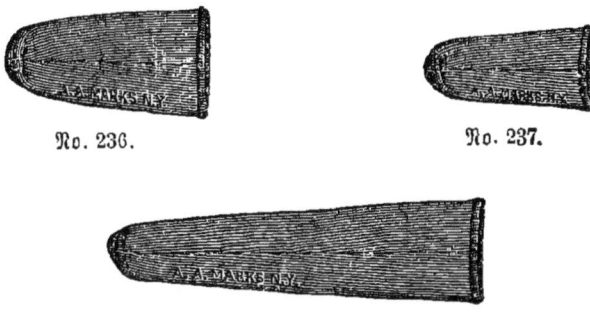

No. 236.   No. 237.

No. 238.

rere wollene oder baumwollene Socken zu ziehen, welche aus feinem, weichem Garn passend für den Stumpf, wie Strümpfe zu den Füßen, gestrickt sind.

Diese Socken sollten öfters gewechselt und gewaschen werden; durch diese Methode wird der Stumpf immer in reinem und gesundem Zustande erhalten.

Wir haben ein Departement für das Stricken dieser Socken und halten einen großen Vorrath beständig auf Lager; dieselben sind nach verschiedenen Größen sortirt um irgend einem Stumpf zu passen; sollte indeß ein besonderes Maß gewünscht werden, so lassen wir dasselbe ohne Kostenaufschlag sofort stricken. Die Socken sind aus wollenem oder baumwollenem Garn gefertigt, weiß oder farbig, je nachdem es gewünscht wird.

Wenn nicht anders bestellt, so versenden wir farbige wollene Socken.

Die Form und äußere Erscheinung der Socken ist aus obigen Abbildungen zu ersehen.

Preis-Liste für baumwollene oder wollene Socken.

No.	Länge.	Umfang am dicksten Ende.	Baumwolle. Preis per Stück	Baumwolle. Preis per Dtz.	Wolle. Preis per Stück	Wolle. Preis per Dtz.
0	1 bis 10 Zoll.	Unter 15 Zoll	$0.20	$2.00	$0.40	$4.00
1	10 bis 15 „	„ 15 „	0.30	3.00	0.50	5.00
2	10 bis 15 „	Ueber 15 „	0.40	4.00	0.60	6.00
3	15 bis 20 „	Unter 15 „	0.40	4.00	0.60	6.00
4	15 bis 20 „	Ueber 15 „	0.50	5.00	0.70	7.00
5	20 bis 25 „	Unter 15 „	0.50	5.00	0.70	7.00
6	20 bis 25 „	Ueber 15 „	0.60	6.00	0.80	8.00
7	25 bis 30 „	Unter 15 „	0.60	6.00	0.80	8.00
8	25 bis 30 „	Ueber 15 „	0.70	7.00	0.90	9.00
9	30 bis 35 „	Unter 15 „	0.70	7.00	0.90	9.00
10	30 bis 35 „	Ueber 15 „	0.80	8.00	1.00	10.00

In manchen Fällen von Amputationen unterhalb des Knies wird ein kurzer Socken nebst einem solchen von voller Länge gewünscht; einer derselben reicht nur bis zu den Kniegelenken hinauf. Für solche Fälle sind No. 0, 1 oder 3 passend. Bei Maßnehmen für Socken richte man sich nach folgenden Instruktionen:

Erstens. Man nehme die Länge des Stumpfes vom Körper bis zum Ende, dann den Umfang am Körper und in Zwischenräumen von je drei Zoll.

In der Auswahl der Größen-Nummer sollten 5 Zoll zu der Länge des Stumpfes zugegeben werden für Umlage am oberen Theile des Beines und für Kürzung, welche durch verschiedene Ursachen stattfinden mag. Wenn der Socken nur vom Ende des Stumpfes bis zum Knie reichen soll, so beginne man mit der Messung am Knie und gebe die Länge von der Mitte des Kniegelenkes zum Ende, den Umfang des Knies und so hinunter. Wenn für einen knietragenden Stumpfen, nehme man das Maß wie in den Fällen, wo das Kniegelenk benutzt wird und biegsam ist.

(Einhalb- und Einviertel-Dutzend wird nach derselben Rate verkauft, wie ein Dutzend.

Bestellungen für Socken werden per Post oder Expreß effectuirt, die Beförderung von uns vorweg bezahlt.

Zubehör zu den künstlichen Gliedern.

Gurte. Wir haben für unseren eigenen Gebrauch expreß eine vorzügliche Qualität von Gurte fabrizirt, welche sich vermöge ihrer Stärke und Farbe für künstliche Glieder besser eignet, wie irgend eine im Markt; ihre Farbe ist hell und wird nicht durch Respiration angegriffen. Wir können Bestellungen für dieselbe und für irgend eine gewünschte Quantität zu den nachfolgenden Preisen entgegennehmen.

Elastische Gurte, 2 Zoll breit, per Yard, 60 Cent.
Elastische Gurte, 1½ Zoll breit, per Yard, 50 Cent.
Elastische Gurte, 1 Zoll breit, per Yard, 40 Cent.
Nichtelastische Gurte, 2 Zoll breit, per Yard 30 Cent.
Nichtelastische Gurte, 1½ Zoll breit, per Yard 25 Cent.
Nichtelastische Gurte, 1 Zoll breit, per Yard 20 Cent.

Schnallen, alten Styles, zweizüngig, 2, 1½ und 1 Zoll, nickelplatirt, sehr stark, jede 5 Cent.

Schnallen, 5-8 und 7-8 Zoll, für Ledergebrauch, einzüngig, jede 10 Cent.

Klammer-Schnallen, siehe Abbildung 183, Seite 32, jede 25 Cent.

Rollen, siehe Abbildung 184, Seite 32, jede 25 Cent.

Hemmbänder, für Amputationen unterhalb des Knies, fabrizirt aus nichtelastischem Webstoff, zwei oder mehrere Dicken enthaltend. Zwei Dicken, jedes 40 Cent; drei Dicken, jedes 50 Cent.

Schnür-Riemen, von feinem Hirschleder, durchschnittliche Länge 50 Zoll. Das Stück 25 Cent; $2.50 das Dutzend, oder $1.25 das halbe Dutzend.

Bolzen, von feinstem Stahl, zu Seitengelenken, für Amputationen unterhalb des Knies, complet mit Schrauben, das Paar $2.00. Das Bein muß uns zugesandt werden, um dieselben zu justiren.

Spiral-Federn, vom feinsten gehärteten Stahl, benutzt in Kniegelenken von über dem Knie und knietragenden Beinen, mit Cylinder, complet $1.00; ohne Cylinder 25 Cent.

No. 239.

Messer, Gabeln, Bürsten und Haken, passend gemacht für die Handfläche oder das Handgelenk des künstlichen Armes, unser eigenes Fabrikat. Messer und Gabeln, jedes 50 Cent. Bürsten und Haken, $1.00 das Stück.

Schraubenzieher, von genügend starkem Stahl, um die größeren Schrauben im Arm oder Bein zu schrauben, das Stück 50 Cent.

Fett,—Oberhalb des Knies und knietragende Beine erfordern eine Substanz consistenter als Oel, für die Gelenke. Wir haben eine Präparation für diesen Zweck. Die Mischung ist in kleine Zinnbüchsen verpackt, hinreichend für ein Jahr. Per Büchse 10 Cent.

Filz, aus feinster Wolle — benutzt für Polster und Füllungen; das beste Material für Fütterung der Hülse, wenn der Stumpf reduzirt ist. Preise, ⅛ Zoll dick, per Quadratzoll ½ Cent; ₃⁄₁₆ Zoll dick, per Quadratzoll ¾ Cent; ¼ Zoll dick, per Quadratzoll 1 Cent. Man schneide ein Papiermuster, so daß es den Theil des Stumpfes zeigt, welcher bedeckt werden soll, multiplizire die Länge mit der Breite halbwegs zwischen dem oberen und unteren Ende, um die nöthige Zahl der Quadratzolle zu bekommen. Man sende uns das Papiermuster und wir werden den Filz passend schneiden.

Socken und irgendwelche der obigen Artikel werden per Post versandt werden und zwar von uns vorausbezahlt, wenn der Bestellung das Geld für den gewünschten Artikel beigefügt ist.

Das System, Artikel durch Expreß C. O. D. (collect on delivery — zahlbar bei der Ablieferung), ist sehr gut und befriedigend bei Transaktionen mit Geschäftshäusern, aber manche Personen von weniger geschäftlichen Gewohnheiten, bestellen Artikel sorglos, indem sie denken, daß sie im Stande sein werden, bei der Ablieferung Zahlung zu leisten, und nachher, wenn sie ausfinden, daß ihnen dies nicht möglich ist, die Artikel wieder zurückgehen lassen zu unserem Schaden, da wir die Transportkosten für Hin und Zurück zu zahlen haben und nichts dafür erhalten. Aus diesem Grunde, und da uns dasselbe öfters passirt ist, verweigern wir es, Artikel C. O. D. zu versenden; es sei denn, daß von der Kaufsumme ein Theil angezahlt wurde, wodurch wir überzeugt sind, daß die Bestellung bona fide Seitens des Bestellers gemacht worden ist.

Wie Geldsendungen zu machen sind.

Bei Zahlungsleistung von größeren Summen ist es räthlich, dieselbe durch Geldanweisungen, Post-Noten, registrirte Briefe, Expreß, oder Wechsel auf New York, zu machen. Bruchtheile eines Dollars mögen in Postmarken übersandt werden. Bei Bestellungen bezeichne man genau die gewünschten Artikel und versäume nicht, neben dem eigenen Namen, die Postoffice-Addresse in voll, mit County und Staat genau anzugeben.

Addressire alle Zuschriften an

A. A. MARKS,
701 Broadway,
New York, U. S. of America.

Rühmliche Anerkennungen und Diplome.

In 1859 verlieh das American Institut der Stadt New York A. A. Marks eine silberne Medaille für seine allen anderen überlegenen künstlichen Glieder; es muß hier bemerkt werden, daß dies vor der Zeit war, ehe der Gummifuß erfunden wurde.

Die Thatsache, daß die Anerkennung anderen Concurrenten gegenüber gemacht wurde, ist ein Beweis, daß das alte Knöchelgelenk des Marks'schen Models mehr als gewöhnlichen Werth hatte.

Die erste Industrie-Ausstellung in welcher der Gummifuß und die Gummihand ausgestellt wurden, war die des American Institut vom Jahre 1865. Der folgende Offizielle Bericht und das Urtheil der Preisrichter zeigt den Triumph in dieser Ausstellung:

Künstliche Glieder.—Die Preisrichter über diesen wichtigen Artikel waren Prof. J. M. Carnochan, Prof. J. W. E. Smith und James Knight, M. D. Nach sorgfältiger und umfassender Prüfung und praktischen Versuchen mit den verschiedenen ausgestellten Gliedern erkannten die Preisrichter Herrn A. A. Marks den Ersten Preis zu, bestehend in einer goldenen Medaille, für seine Glieder mit Gummihänden und Füßen.

Es ist wahrscheinlich, daß nie eine genauere und gründlichere Untersuchung der Vorzüge von künstlichen Gliedern vorgenommen wurde, wie in dieser Ausstellung, da die Concurrenz eine ganz stattliche war und an mehreren Tagen Wettgehen veranstaltet wurden.

In 1867. American Institut, Stadt New York, Erster Preis. No. 238. Marks' patentirte künstliche Glieder wurden bereits mehrere Male im Institut ausgestellt und behaupten noch immer ihre frühere Reputation.

Prof. A. K. Gardner; J. E. B. Smith; J. J. Craven, M. D., Preisrichter.

In 1869. American Institut, Stadt New York. No. 44. Künstliche Glieder, A. A. Marks' die besten.—Dies Glied ist konstruirt mit einem Gummifuß, welcher, seiner Elasticität wegen, die Bewegungen des Knöchelgelenkes unnöthig macht; er verhindert das schwerfällige, plumpe Geräusch, wenn der Fuß den Boden betritt, eine häßliche Eigenschaft, welche in allen anderen künstlichen Beinen existirt, soweit sie dem Committee bekannt sind.

Die Controlle, welche der Invalide über dasselbe und seine Bewegungen hat, gleicht so nahezu dem natürlichen Gliede, und die geringen Kosten, es in Reparatur zu halten (beinahe Nichts) berechtigen es zu der besten Empfehlung.

Lewis A. Sayre, M. D.; Jas. R. McGregor, M. D., Preisrichter.

In 1870. American Institut, Stadt New York. Erster Preis. No. 3. Künstliche Glieder, A. A. Marks, Stadt New York.

Beste.

Der besondere Punkt der Vorzüglichkeit liegt nach unserer Ansicht in dem Gummifuße, durch dessen Gebrauch alle Complikationen in der Construktion des Knöchelgelenks in Wegfall kommen.

Frank H. Hamilton, M. D.; Harvey S. Gay, M. D.; Wm. H. Van Buren, M. D., Preisrichter.

In 1871. American Institut, Stadt New York. Die künstlichen Beine mit Gummifüßen können ganz besonders wegen ihre Einfachheit, Dauerhaftigkeit und Leichtigkeit in den Benutzungen empfohlen werden.

In 1872. American Institut, Stadt New York. Erster Preis. Die von Herrn A. A. Marks fabrizirten künstlichen Glieder behaupten noch immer ihre anerkannten Vorzüge und sind berechtigt zu all dem Vertrauen welches das Publikum bisher in sie gesetzt hat.

John Osborn, M. D.; Harvey S. Gay, M. D.; Frank H. Hamilton, M. D., Preisrichter.

In 1873. American Institut, Stadt New York. Nach eingehender und unparteiischer Prüfung der oben beschriebenen Artikel berichten die unterzeichneten Preisrichter, daß sie die von A. A. Marks ausgestellten künstlichen Glieder des Vertrauens werth finden, welches bisher in sie gesetzt wurde. Wir indossiren mit Vergnügen Alles, was über dieselben in früheren Prüfungen gesagt wurde: ihre einfache Construktion, leichte Bewegbarkeit, Dauerhaftigkeit u. s. w. Erster Preis,

große Silberne Medaille.

John Osborn, M. D.; D. E. Fetter, M. D.; E. D. Varley, Preisrichter.

In 1874. American Institut, Stadt New York. Wir betrachten die von A. A. Marks ausgestellten künstlichen Glieder als von hohem Werthe.

Eine große Verbesserung — vorzüglicher als eine uns bekannte und in ihrer Art berechtigt zur höchsten Anerkennung. Eine silberne Medaille verliehen in 1873, als die beste; ein Diplom verliehen für die noch immer behauptete Ueberlegenheit.

B. B. Gibney, M. D.; H. B. Sands, M. D.; E. G. Janeway, M. D., Preisrichter.

In 1875, American Institut, Stadt New York. Nach eingehender und unparteiischer Prüfung der oben beschriebenen Artikel berichten die unterzeichneten Preisrichter, daß sie die von A. A. Marks ausgestellten künstlichen Glieder des Vertrauens werth finden, welches bisher in sie gesetzt wurde. Wir halten dieselben ihrer praktischen Eigenschaften und Einfachheit wegen über allen anderen stehend, und empfehlen mit aller Achtung das Diplom für „behauptete Ueberlegenheit" (maintained superiority).

Francis A. Thomas, M. D.; Charles W. Packard, M. D.; J. R. McGregor, M. D., Preisrichter.

Centennial Medaille.

Erste Prämie.

Bericht der Preisrichter und Anerkennung von Seiten der Commission.

Internationale Ausstellung, Philadelphia, 1876, No. 235.

Die Ver. Staaten Centennial=Commission hat den Bericht der Preisrichter geprüft, stimmt mit dem folgenden Urtheil überein und verleiht dieserhalb einen Preis. Künstliche Glieder mit Gummihand und =Fuß. A. A. Marks, Stadt New York.

Die Unterzeichneten haben das hierinbeschriebene Fabrikat geprüft und empfehlen dasselbe achtungsvoll der Ver. Staaten Centennial=Commission für Auszeichnung aus folgenden Gründen: **Nützlichkeit, kunstfertige Herstellung und zweckerfüllend.**

Henry H. Smith. Professor der Chirurgie

Bestätigt von der Preisrichter=Gruppe: H. K. Oliver, Edward Conley, B. F. Britton, Spencer F. Baird, Chas. Staples, jr., M. Wilkins, J. Fritz, Jas. L. Claghorn, Colman Sellers.

Ausgefertigt unter Authorität der Ver. Staaten Centennial=Commission.

J. R. Hawley, Präsident; A. T. Goshorn, General=Direktor, J. L. Campbell, Secretär.

In 1876, American Institut. Erster Preis. A. A. Marks, Broadway, Stadt New York.

Wir betrachten diese Glieder als ausgezeichnet wegen ihrer einfachen Construktion, Dauerhaftigkeit, Zweckmäßigkeit und Bequemlichkeit in ihrer Benutzung.

Wir halten dieselben für berechtigt zur höchsten Belobung und glauben, daß ihre Vorzüge die Verleihung der Centennial=Medaille verdienen, welche wir achtungsvoll empfehlen.

Francis A. Thomas, M. D.; Charles W. Packard, M. D.; J. R. McGregor, M. D., Preisrichter.

Die obigen Berichte wurden ordnungsmäßig bestätigt durch den Verwaltungsrath und die Leiter des American Instituts

John W. Chambers, Sekretär.

In 1877, American Institut, Stadt New York. A. A. Marks. — Nach genauer und unparteiischer Prüfung der oben beschriebenen Artikel berichten die Unterzeichneten, daß wir die ausgestellten Artikel von großem Werth und berechtigt zur Auszeichnung halten.

Charles W. Packard, M. D.; Francis A. Thomas, M. D.; August Viele, M. D., Preisrichter.

Auf Grund dieses Berichtes des Verwaltungsraths verlieh das Institut die Medaille für „Superiorität."

In 1878. American Institut, Stadt New York. Da die Medaille für Superiorität in 1877 verliehen wurde, so ist dieses Diplom für „behauptete Superiorität" verliehen in der Ausstellung von 1878.

Nathan C. Ely, Präsident; G. L. McLoeser, Prot. Sekretär.

In 1881. Internationale Baumwollen-Ausstellung, Atlanta, Georgia, Dezember 21, 1881.

Name und Adresse des Ausstellers: A. A. Marks, New York.

Nachdem die Unterzeichneten die hierin beschriebenen Fabrikate geprüft haben, empfehlen sie dieselben achtungsvoll dem Executive-Committee der Internationalen Baumwollen-Ausstellung aus folgenden Gründen:

1.—Einfachheit des Mechanismus des Kniegelenkes und wegen seiner ausgezeichneten Bewegung.
2.—Dauerhaftigkeit.
3.—Gummifuß, enthält manche ausgezeichnete Vorzüge und vertritt die Stelle der Bewegung des nicht vorhandenen Knöchelgelenks.

Wir empfehlen, daß eine goldene Medaille verliehen wird.

Bestätigt von den Gruppen-Preisrichtern, Chas. L. Wilson, M. D.; Amos Fox.

Bestätigt, H. J. Kimball, General-Direktor.

Die Welt Industrie- und Baumwollen-Ausstellung, New Orleans, La., Dezember 1, 1884 bis Mai 31, 1885.

Applikation No. 1784. Gruppe 8, Klasse 809.

Nachdem die Preisrichter in obiger Klasse die von A. A. Macks, Stadt New York, ausgestellten Artikel eingehend geprüft und mit anderen concurrirenden Ausstellungsstücken verglichen haben, vereinigen sie sich in der Empfehlung des Preises, Medaille erster Klasse für künstliche Glieder.

S. D. Carroll, für das Verleihungs-Department.

Obige Abbildung zeigt beide Seiten der John Scott offiziellen Medaille, verliehen von der Stadt Philadelphia unter Empfehlung des Franklin Institutes, Januar 16, 1889. Die Empfehlung wurde einstimmig genehmigt und befürwortet durch das Committee für Kunst und Wissenschaft nach eingehender Untersuchung der Vorzüge von künstlichen Gliedern mit Gummi-Händen und Füßen.

Augusta Ausstellung, November, 1891. Sechs verschiedene Preise wurden der Firma A. A. Marks verliehen. Jeder Preis das höchste Prämium, eine goldene Medaille.

Folgender ist der Bericht der Preisrichter:

Augusta, Georgia, Nov. 24, 1891.

Verliehen der Firma A. A. Marks in New York für künstliche Beine mit Gummifüßen.

Die Art und Weise, in welcher diese Glieder konstruirt sind, bringt den Mechanismus zur extremsten Einfachheit und gewinnt in sehr hohem Grade an Zweckmäßigkeit.

Der Gummifuß ist ein ganz vorzügliches Substitut für den natürlichen Fuß, welcher amputirt wurde; er bietet alle nothwendigen Bewegungen für natürliches und selbstständiges Gehen, ohne complicirte Gelenke.

Das adjustirte Kniegelenk ist einfach, stark und zuverlässig.

Thos. R. Wright, M. D.; E. C. Goodrich, M. D.; W. H. Doughty, Jr., M. D. ausübender Chirurg; S. Lesser; J. W. Clart; R. M. Sims, Preisrichter.

E. J. O'Connor, Präs. Com. für Anerkennungen.

Augusta, Ga., Nov. 24, 1891.

Verliehen der Firma A. A. Marks in New York für künstliche Arme mit Gummihänden.

Die von A. A. Marks ausgestellten künstlichen Arme haben ungewöhnliche Vorzüge, welche dieselben zur Empfehlung berechtigen. Die Hände sind aus Gummi fabrizirt, weich und angenehm bei der Berührung. Da dieselben in natürlicher Form modellirt sind, so gleichen sie den natürlichen viel besser, als solche, welche aus Holz oder anderem Material hergestellt sind. Die Finger dieser Gummihände sind durch ihre innere Construktion biegsam gemacht, wodurch dieselben sich nützlich machen können und zugleich eine Zierde bilden.

Die Handausstattung, um Gegenstände festzuhalten, Eß-, Toiletten- und andere Geräthe, sind vorzüglich.

Die Leichtigkeit, mit welcher die Hand vom Vorderarm entfernt werden kann, um einen Haken oder ein anderes Geräth, das für irgend einen anderen Zweck als der Hand dient, ist beachtenswerth.

Das Elbogenschloß, welches den Arm biegsam macht (für Amputationen oberhalb des Elbogens) ist originell und verdient besondere Erwähnung.

Die Drehung des Vorderarms an der oberen Hülse, bei Amputationen oberhalb des Elbogens ist ebenfalls ein hochzuschätzender Vorzug.

Thos. R. Wright, M. D.; E. C. Goodrich, M. D.; W. H. Doughty, Jr., M. D. ausübender Chirurg; S. Lesser; J. W. Clark; R. M. Sims, Preisrichter.

E. J. O'Connor, Präs. Com. für Anerkennungen.

Augusta, Georgia, Nov. 24, 1891.

Verliehen an A. A. Marks von New York für künstliche Beine von natürlichem Korkholz geschnitzt.

Der Vorzug, welcher in dieser Art der Construirung künstlicher Beine hervorzuheben ist, besteht in der vortheilhaften Anwendung derselben für Amputationen in der Gegend des Knöchels und ferner darin, daß ein solches künstliches Bein den Ausflüssen nicht geheilter oder krankhafter Stumpfe widersteht und auch darin, daß ein so verfertigtes Bein vollständig wasserdicht ist.

Der Erfinder ist darin erfolgreich gewesen, alle diese Vorzüge zu erreichen.

Thos. R. Wright, M. D.; E. C. Goodrich, M. D.; W. H. Doughty, Jr., M. D., ausübender Chirurg; S. Lesser; J. W. Clark; R. M. Sims, Preisrichter.

E. J. O'Connor, Präs. Com. für Anerkennungen.

Augusta, Georgia, Nov. 24, 1891.

Verliehen der Firma A. A. Marks von New York für eine Combination von Messer und Gabel für den Gebrauch von einarmigen Personen.

Die besondere Eigenschaft dieser Erfindung ist die Methode, durch welche das Messer zugemacht werden kann, die Klinge und Zinken durch den Griff geschützt sind und das Geräth in der Tasche getragen werden kann.

Es ist ersichtlich, daß dies Geräth von großem Vortheil für solche Personen ist, welche den Gebrauch der einen Hand für immer oder nur temporär verloren haben.

Thos. R. Wright, M. D.; E. C. Goodrich, M. D.; W. H. Doughty, Jr., M. D. ausübender Chirurg; S. Lesser; J. W. Clark; R. M. Sims, Preisrichter.

E. J. O'Connor, Präs. Com. für Anerkennungen.

Augusta, Georgia, Nov. 24, 1891.

Verliehen der Firma A. A. Marks von New York für vorzügliche Methoden von Trägern für künstliche Beine.

Das System der Rollen-Träger hält das künstliche Bein in solcher Weise sicher an der Person, daß dieselbe befähigt wird zu gehen, laufen, sitzen, stillzustehen oder sich in irgend einer Position zu bewegen mit ausgleichendem Druck auf die Schultern.

Thos. R. Wright, M. D.; E. C. Goodrich, M. D.; W. H. Doughty, Jr., M. D., ausübender Chirurg; S. Lesser; J. W. Clark; R. M. Sims, Preisrichter.

E. J. O'Connor, Präs. Com. für Anerkennungen.

Atteste, Zeugnisse und Empfehlungs-Schreiben.

285 Fünfte Avenue, Stadt New York.

Ich habe öfters Gelegenheit gehabt, Ihre werthvollen künstlichen Beine in Fällen anzuwenden, wo ich unglücklicher Weise genöthigt wurde, meine Patienten durch Amputation zu verstümmeln, und die Bewundernswerthe Nachahmung welche bei Ihrem künstlichen im Vergleich mit dem Original-Gliede erzielt ist, sowie die vollste Zufriedenheit der Benutzer, ist die höchste und beste Empfehlung, welche ich geben kann.

Lewis A. Sayre, M. D.,
Professor der Chirurgie, Bellevue Hospital Medical College.

No. 80 Irving Place, New York.

Ich habe Ihre künstlichen Glieder einer sorgfältigen Untersuchung unterworfen und glaube, in Hinsicht auf ihre Einfachheit und Stärke, daß dieselben ein gesuchter Artikel sein werden für die, welche in der unglücklichen Lage sind, dieselben zu benöthigen.

Hochachtungsvoll Ihr
James R. Wood,
Chirurg am Bellevue Hospital, Professor der operativen chirurgischen Pathologie, Bellevue Hospital Medical College.

354 West 22. Str. Stadt New York.

Ich bespreche das Marks'sche Bein bei jeder gebotenen Gelegenheit. Ich betrachte es, trotz seiner Ungleichheit im Vergleich mit dem natürlichen, als das beste, zuverlässigste und dauerhafteste Bein, welches fabrizirt wird.

T. Clelland, M. D.

Das New York Medical Journal.
3 Bond Str., Stadt New York.

Ich kenne keine künstlichen Glieder, welche den natürlichen so sehr gleichen, als die Ihrer Fabrikation.

R. B. Granger, M. D.

Pawling, Duches Co., N. Y.

Ich habe ungefähr seit zwanzig Jahren ein künstliches Bein getragen und ein patentirtes Marks'sches während fünfzehn Jahren. Ich halte dasselbe für viel vorzüglicher als irgend ein anderes, welches mir zu Gesicht gekommen.

Meine Amputation ist oberhalb des Knies.

Henry Pearce, M. D.

Cochecton, N. Y.

Ich habe Ihr patentirtes Bein während der letzten zehn Jahre benutzt. Ich bin sehr zufrieden mit demselben. Es hat noch nicht der geringsten Reperatur bedurft. Ich kann besser mit demselben gehen, als mit irgend einem anderen von mir benutzten, ausgenommen das natürliche.

W. L. Appley, M. D.

De Freestville, Renffelaer Co., N. Y.

Am 7. Oktober 1885 nahm ich das Maß für Mr. Whelan in Uebereinstimmung mit Ihrem System für Maßnehmen und übersandte es Ihnen. Nach ungefähr drei Wochen langte das Bein per Expreß an. Es paßte perfekt. August 1878 bezog ich einen künstlichen Arm von Ihrem Geschäftslokale für Van Dyke Alstyne. Er hat den Arm seit der Zeit fortwährend benutzt. Er benutzte den Haken, mit welchem er fähig ist fast jede Art von Arbeit zu verrichten. Der Arm ist im höchsten Grade zufriedenstellend.

A. Ten Eyck, M. D.

Needles, Cal.

Mein Sohn John Jerome Booth, zehn Jahre alt, welcher das Malheur hatte vor ungefähr fünf Jahren einen Fuß zu verlieren, hat während der letzten vier Jahre eines Ihrer künstlichen Glieder zur vollen Zufriedenheit benutzt, bald nach der Anschaffung des Marks'schen Gliedes beschloß ich ein——— zu versuchen und bestellte demzufolge eines mit Seitenbewegung. Hier hatte ich nun die günstige Gelegenheit zu einer vergleichenden Prüfung. Das Resultat war, daß letzteres Bein in sechs Monaten zur Reparatur zurückgeschickt wurde, während das Marks'sche noch jetzt im Gebrauch ist und nur einmal während der ganzen Zeit zurückgeschickt wurde und zwar nur um verlängert zu werden, wegen das heranwachsenden Knabens. Der kleine Kerl läuft, springt, klettert und fährt auf Rollschuhen eben so gut wie seine Kameraden und die schärfsten Beobachter, von dem Unglücksfall in Kenntniß gesetzt, sind kaum im Stande zu unterscheiden, welches das natürliche oder das künstliche Glied ist.

James P. Booth, M. D.,
Chirurg A. & P. R. R. Co.

Ver. Staaten Indianerdienst, Cheyenne River Agentur,
Fort Bennett, Süd-Dakota.

No. 322.

Am 18. September 1889, nahm ich an Ceca Yamni (Peter Drei-Schenkel) eines dieser Agentur angehörigen Sioux Indianers, eine Amputation an der mittleren und unteren dritten Verbindung des linken Beines vor. Er litt am Knochenfraß der Fußwurzel. Er war ein vollständiger Invalide, absolut unfähig zu stehen, geschweige zu gehen. Ich war nicht im Stande seine Einwilligung zu der Operation zu erlangen, bis ich ihm von Ihren excellenten Gliedern erzählte und wie er im Stande sein würde zu gehen, laufen, reiten, arbeiten ꝛc. und daß sein Fehler Fremden gänzlich verborgen bleibe. Der Stumpf heilte in gewöhnlicher Zeit und ich sandte Ihnen das Maß für sein Bein. Es kam per Expreß und ich paßte es sogleich an. Zu meiner Ueberraschung paßte es ausgezeichnet und während ich dies schreibe geht er zwischen den Indianern umher mit einer Leichtigkeit und Bequemlichkeit, wie man sie nur wünschen kann.

Einliegend Photographie im Kriegsanzug, welche er Ihnen mit Kompliment sendet und mit der Hoffnung, daß sein künstliches Bein unter seiner Race Interesse erwerben und ihnen ein Zeichen sein wird, was der „weiße Medizinmann" für sein Volk zu thun im Stande ist.

Z. T. Daniel, M. D.,
Agentur Arzt,
Ver. Staaten Indianerdienst.

Südliche Ute-Agentur, Ignacia, Colorado.

Das Bein, welches Sie für Paniuse gemacht haben, ist seit dem 5ten Februar, seit mehr als sechs Monaten im Gebrauch und befriedigt vollkommen.

Der Patient, ein Ute-Indianer, wurde im Juli 1889 durch das Knie geschossen. Er verweigerte seine Zustimmung zu einer Amputation zu geben, bis er sich überzeugt, daß diese nur allein sein Leben retten könne. Ich führte die Operation an der Verbindung des mittleren und unteren Drittheils am 15. August 1889, also gerade heute vor einem Jahre aus.

Achtungsvoll,
Frank C. Blachly, M. D.

Savannah, Ga.

Ich indossire Ihr künstliches Glied mit Vergnügen. Mein College, Dr. T. J. Charlton, welcher mir beim Maßnehmen der beiden zuletzt bei Ihnen bestellten Beine werthvolle Dienste leistete, indossirt sie ebenfalls.

Vor ungefähr zwölf Jahren bezog ich einen künstlichen Arm nebst Hand für einen Angestellten der Savannah, Florida & Western R.R., welcher volle Zufriedenheit gab.

W. Duncan, M. D.

Omaha, Nebraska.

Kurze Zeit nachdem Mr. Hough das Hospital verlassen, bestellte ich ein paar Glieder bei einem hiesigen Fabrikanten. Dieselben waren schwer und plump und der Patient konnte ein ganzes Straßengeviert weit gehört werden. Die Stumpfe brachen stets wieder auf und heilten nur dann, wenn die Glieder bei Seite gestellt wurden und der Patient sich auf Kniepolstern bewegte. In Verbindung hiermit zeigte sich noch eine tiefe Schmarre hinter dem Knie, veranlaßt durch das Schwere Holz, welches an dieser Stelle mit der Deckhaut in Berührung kam. Endlich erbat ich mir von Ihnen schriftlich eine Preisliste 2c. Ich benützte das Formular für Maßnehmen, welches Sie mir sandten und nach kurzer Zeit empfing ich ein Paar künstlichen Beine, vorzüglicher als ich sie je gesehen. Sie haben in der That größere Zufriedenheit gegeben, als erwartet wurde. Mein Patient hat bereits zwei Tanzvergnügungen besucht und ist eben mit Springübungen beschäftigt.

No. 365.

Die Gummifüße sind eine bedeutende Verbesserung, indem sie mit dem unangenehmen Geräusch aufräumen. Kurz, mein werther Herr, Ihre künstlichen Glieder sind Muster der Vollkommenheit und ich bezweifle ob sie je noch verbessert werden können. Dieses Zeugniß ist ein ungefordertes und steht Ihnen zu beliebiger Benutzung zur Verfügung. Ich hoffe aufrichtig, daß es dazu diene viel gutes allen denen zu thun, welche Ihre Glieder zu kaufen beschließen und vorzüglich empfehle ich Ihr Fabrikat allen Eisenbahn-Chirurgen. Achtungsvoll,

E. W. Lee, M. D.

Westchester County Armenhaus, East View, N. Y.

Das Bein ist in bester Weise zufriedenstellend. Herr Patrikofsly ging auf demselben, ohne eines Stockes zu bedürfen, in drei oder vier Tagen, und hat jetzt die Anstalt verlassen, um für sich selbst zu sorgen. Ich verbleibe achtungsvoll Ihr

Frank De Recare, M. D.

St. John, Ariz.

Ich hatte verschiedene Gelegenheiten, die Vorzüge Ihrer künstlichen Glieder mit Gummi-Händen und Füßen zu prüfen, und kann dieselben als anderen, die mir zu Gesicht gekommen sind, in jeder Hinsicht überlegen, mit Freuden empfehlen.

Wm. T. Dalby, M. D.

Atlanta, Ga.

Ich habe seither einen künstlichen Arm eines anderen Fabrikanten, seit einigen Jahren mit Ihrer Gummihand versehen, benutzt, und muß gestehen, daß ich entzückt darüber bin, namentlich über die adjustirten Finger. Zur Bequemlichkeit halte ich mir zwei Gummi-Hände; eine welche meine Frau in sorglicher Obhut hält, mit dem Gesellschafts- oder Opern-Handschuh bekleidet und die andere halte ich für den täglichen Gebrauch. Alles was ich zu thun habe, ist, auf eine Feder zu drücken und die Hände sind gewechselt.

Eins noch wünsche ich zu erwähnen, und das ist, ich habe durch die Anschaffung Ihrer Gummihand mehr als diese kostet, an Glace-Handschuhen gespart. Bei einer Hand und Finger von hartem Holz hält ein Handschuh nicht über einen Monat; an Ihrer Hand halten sie sich sechs oder acht Monate. Dieses, zusammen mit der natürlichen Anfühlung schon bestimmt mich, dieselben vor anderen zu empfehlen, ganz abgesehen von den anderen Vorzügen.

J. S. Todd, M. D.,
Prof. der Therapie u. Materia Medica, Atlanta Medical College.

No. 270.

Norwalton, Conn.

Ich wünsche durch Ihr Pamphlet zu sagen, daß ich seit 1878 zwei der Marks'schen künstlichen Glieder in stetem Gebrauch habe; ich attestire mit Freuden, daß sie meinen Erwartungen vollkommen entsprechen, namentlich in Bezug auf die Einfachheit ihrer Construktion und ihrer bedeutenden Stärke. Die patentirten Gummifüße geben Elastizität und Natürlichkeit in den Bewegungen, was man bei anderen Arten vermißt.

Während der Jahre in welchen ich Erfahrung in künstlichen Gliedern gesammelt, habe ich hart im Austerngeschäft gearbeitet und besorge das Harken selbst.

Albert W. Mills.

Medizinische Gesellschaft des Staates Kansas, Sekretariat.
Topeka, Kansas.

Ich habe seit 1879 einen künstlichen Fuß benutzt. Die Amputation fand im Knöchelgelenke statt und ließ einen Theil der Ferse stehen.

Es machte mir viel Mühe, einen Ersatz zu erhalten, und fand diesen Punkt als einen sehr schwierigen, um ihn mit einem bequemen und nützlichen Fuße zu versehen. Ich machte manche vergebliche Versuche und mich mit der Nothwendigkeit vertraut, zeitlebens eine Krücke zu gebrauchen. Ein Freund rieth mir, mich an Sie zu wenden, da derselbe einige Kenntniß von den Gummihänden und Füßen hatte. Ich that dies und empfing von Ihnen die Anweisung zum Maßnehmen. Ich übersandte die Messungen und empfing bald per Expreß das Glied und den Gummifuß. Es paßte genau und war sehr bequem. Ich konnte mit Leichtigkeit gehen, mit kaum merklichem Hinken.

Ich bin mehr als zufriedengestellt damit und weiß aus Erfahrung, daß sie der einzige Fabrikant eines bequemen, brauchbaren Gliedes für die als die Syms'sche oder Chopart'sche bekannte Amputation sind.

S. G. Stewart, M. D.

Rolla, Mo.

Es gereicht mir zum Vergnügen, Ihre künstlichen Glieder zu empfehlen, besonders wegen Ihrer Dauerhaftigkeit und Vorzüglichkeit des Gummifußes über alle anderen Fabrikate. Mein linkes Bein wurde gerade oberhalb des Kniegelenkes amputirt. Ich habe seit April 1884 ein von Ihnen verfertigtes Glied im Gebrauch, und dasselbe hat bis zum heutigen Tage noch nicht einen Cent für Reparatur gekostet. Ich gehe leicht, ohne Benutzung eines Stockes, und habe keine Schwierigkeiten in der Verrichtung meiner Erwerbspflichten. Ihre Art des Maßnehmens ist eine perfekte, und durch die Befolgung Ihrer Instruktionen kann jeder ebensogut daheim wie in der Stadt mit einem passenden Gliede versehen werden. Ich habe Maße für Glieder genommen, und unter denen für doppelte Amputationen. In allen Fällen ist die größte Zufriedenheit erzielt worden.

J. D. Carpenter, M. D.

Napierville, Illinois.

Ich habe seit einer Reihe von Jahren ein Paar Ihrer künstlichen Füße im Gebrauch und bin sehr mit denselben zufrieden. Mein rechtes Bein ist sechs Zoll unterhalb des Knies und das linke elf unterhalb des Knies amputirt.

Ich gehe jetzt meinen Geschäften nach und habe häufig Gelegenheit, Bestellungen an Conducteure von Durchzügen zu machen. Es beunruhigt mich nicht auf die Züge und von ihnen abzuspringen, wenn sie sich in einer Bewegung von fünfzehn Meilen per Stunde befinden, und kann irgend etwas aufheben und auf meine Schulter befördern, wenn es nicht über hundert Pfund schwer ist. Soweit das Gehen in Betracht kommt, so denke ich, daß ich ganz gut Schritt halten kann mit den Meisten, welche zwei gesunde Beine haben. Sie passen ausgezeichnet nach dem Maß, welches ich Ihnen gesandt habe

No. 298.

und haben mir noch keinerlei Auslagen verursacht, seit ich sie habe. Der Gummifuß steht dem natürlichen so nahe, als er, wie ich denke, nur gebracht werden kann.

Ich kann meine Hand auf irgend einen Gegenstand von Brusthöhe legen und auf denselben hinaufspringen. Dies scheint unglaublich, ich kann aber genügend Zeugniß herbeibringen. Man frage dieserhalb irgend einen der Angestellten an der Middle Division Ontario u. Western R. R. Ich will schließen, hoffend, daß alle Unglücklichen zu Ihnen kommen und in ihrem Mißgeschick von Ihnen geholfen werden.

W. J. Harmes.

Herr Harmes ist kürzlich nach Meadow Brook, N. Y., verzogen wo er den Posten eines Stations-Agenten bekleidet. Er trägt nicht selten Koffer, Kisten zc. im Gewicht von 125 Pfund auf seinen Schultern und bringt sie auf den Zug.

Port Sidney, Nebraska.

Ich habe Ihre künstlichen Glieder für Patienten gekauft, und ohne Ausnahme sind dieselben im höchsten Grade befriedigend gewesen.

C. Ewen,

Assistent-Chirurg, U. S. A.

Farill, Ala.

Ich habe den Werth von A. A. Marks' künstlichem Arm durch Erfahrung geprüft und will hier sagen, daß er eine wahre Gottesgabe und sein Gewicht in Gold werth ist.
J. W. Farill, M. D.

Cow Bay, Kap Breton, N. S., Canada.

Es macht mir Freude zu sagen, daß, da ich ein von Ihnen gesertigtes Bein seit den letzten sechs Jahren getragen habe, ich überzeugt bin, daß kein besseres gemacht werden kann. Das Glied, welches Sie dem Knaben Daniel McLean nach dem von mir genommenen Maße verfertigt haben, befriedigt sehr. Er läuft umher mit seinen Spielkameraden gerade so, als wenn ihm kein Unfall betroffen hätte.
R. A. H. MacKeen, M. D.

No. 276.

East New York, N. Y.

Ich schreibe Ihnen dieses, um Ihnen in schlichten Worten zu sagen, daß meine Erfahrung mit Ihren künstlichen Gliedern, neben vielfältiger Erfahrung mit anderen Fabrikaten zu der Ueberzeugung gelangen lassen, daß die Ihrigen allen anderen vorzuziehen sind. Der specielle Vorzug, welchen ich hier erwähnen will, ist die Einfachheit in der Construktion Ihrer Beine, vermöge welcher ich dasselbe auseinander nehmen, alles einschmieren und mit einer Hand (der natürlichen) adjustiren und ohne weitere Hülfe wieder zusammensetzen kann. Mein gutes solides Gewicht von 240 Pfund giebt dem Beine eine gute Prüfung und doch habe ich ein Vertrauen in dasselbe, wie ich es noch in kein anderes gesetzt habe.
John J. Winn.

York, Pa.

Nach achtjährigem Gebrauch des Paares künstlicher Glieder mit Gummifüßen, welche Sie für mich gemacht haben, muß ich aufrichtig meine Ansicht aussprechen, daß Sie die besten künstlichen Glieder verfertigen, weil sie mir nie die mindesten Unannehmlichkeiten bereiten. Sie haben mir noch nichts an Reparatur gekostet, sind stets in guter Ordnung und sehen aus, als wenn sie noch für acht Jahre ohne Reparatur gut wären. Ich benutze dieselben jeden Tag und habe noch keinen Tag eingebüßt, seit ich dieselben benutze, denn sie waren nie außer Ordnung. Mein Geschäft strengt die Beine nicht übermäßig an, doch bin ich die meiste Zeit auf den Füßen. Da mein Fall zu den schwierigsten zählt, so denke ich, daß es mir ganz gut geht.
Hochachtungsvoll Ihr
Robert S. Lovegrove.

Herr Lovegrove benutzt zwei künstliche Beine; beide Amputationen oberhalb des Knies.

Petite River, Neu-Schottland.

Es macht mir Vergnügen Sie zu benachrichtigen, daß das künstliche Bein, welches Sie für mich angefertigt haben, sich als prächtig erweist. Ich fühle mich auf demselben wie ein neuer Mann. Dieses Gefühl wird noch mehr angeregt durch die freundlichen Bemerkungen meiner Freunde.

Ich betrachte den Gummifuß als eine große Verbesserung.
W. S. Freeman, M. D.

Mill Village, Queens Co., Neu-Schottland.

Ich habe die feste Ueberzeugung, daß Ihr Fabrikat von künstlichen Gliedern mit Gummi-Händen und -Füßen über alle anderen Fabrikate hervorragt. Das Bein, welches ich von Ihnen für Miß Aggie Holland gekauft habe, ist höchst befriedigend.

C. S. Marschall, M. D.

Stadt New York.

No. 271.

Ich habe während der letzten dreißig Jahre die Marks'sche Art von künstlichen Beinen benutzt. Das erste Paar, welches ich hatte, war alten Stiles, mit Knöchelgelenken. Als die Gummifüße erfunden wurden, war ich einer der ersten, welcher sie an seine Beine brachte. Seitdem habe ich die Gummifüße fortwährend in Benutzung. Beide meiner Beine sind unterhalb des Knies amputirt. Mit den Gummifüßen bin ich im Stande ungefähr gerade so viel zu verrichten, als irgend Jemand. Ich bin ein Arbeitsmann und arbeite am Werktisch täglich zehn Stunden. Oefters bin ich genöthigt, eine Leiter zu ersteigen um Sachen vom Regal herabzunehmen. Es macht mir das keine Schwierigkeiten. Der Gummifuß und der straffe Knöchel machen jeden Schritt zuverlässig und meinen Stand sicher.

No. 273.

Ich gehe viel und vertreibe mir die Zeit manchen Abend am Billard, in welchem

No. 275.

angenehmen Spiel ich eine gewisse Meisterschaft erlangt habe. Sonntags, wenn ich mich zu Hause befinde, kann man mich auf dem Sopha, die Beine in bequemer Lage gekreuzt und eine interessante Novelle lesend, liegen sehen.

Frank A. Stewart.

Statomish, Wash.

Ich empfing das künstliche Bein Ihrer Fabrikation im letzten Juni, habe indeß die Bescheinigung verzögert, weil ich vorzog, dasselbe erst einer Prüfung zu unterwerfen. Ich habe das Bein von der Zeit an, als ich es empfangen, benutzt, und bin mit demselben in jeder Hinsicht zufrieden. Einen Monat, nachdem ich das Bein erhalten, wurde ich durch Ernennung der Ver. Staaten Indianer-Polizei zugetheilt, welches Amt ich jetzt bekleide. Kann meist jede Arbeit verrichten; fühle thatsächlich wie ein neuer Mann. Ich kann Ihr Bein mit Gummifuß auf's Beste empfehlen.

Hochachtungsvoll Ihr

Frank H. Peterson.

No. 364.

New Berne, N. C.

Mein Bein ist im vortrefflichen Zustande. Ich habe es von der Zeit an, da ich es in Gebrauch nahm, stets benutzt. Ich führe eine Lokomotive jeden Tag. Wünsche kein künstliches Bein anderer Art zu haben. Oefters werde ich von meinen Freunden gefragt, welches meiner Beine ich verloren habe. Wenn Sie es wünschen, so können Sie dies benutzen als ein Zeugniß von

Ihrem achtungsvollen,

M. J. Angier,

A. & N. C. R. R.

Seymour B. Wade, früher in Walton, N. Y., ist ein Konducteur an einer westliches Expreß. Trotzdem ihm beide Beine amputirt worden sind, füllt er seinen Platz

No. 300.

mit besonderer Fähigkeit aus. Er durchschreitet seinen Zug wenn derselbe mit einer Geschwindigkeit von fünfzig Meilen dahin fährt; er kollektirt und markirt die Fahrkarten mit Würde und Anstand, wie einer, der auf seine Position stolz ist. Der Wagen stößt, schwankt und wiegt sich, ohne daß er seine sichere Balance verliert. An den Stationen steigt er mit Leichtigkeit ab, beobachtet seine Passagiere, besteigt seinen Zug und geht den Passageweg entlang wie Jemand, der sich im Besitze seiner natürlichen Beine befindet. Tag für Tag hat er jahrelang diese Beschäftigung betrieben und keine Seele hat Gelegenheit gehabt zu vermuthen, daß er zwei künstliche Beine mit Gummifüßen benutzt; und nur Solche, denen er freiwillig seinen Zustand entdeckt, wissen, daß er auf künstliche Gliedmaßen in seiner Thätigkeit angewiesen ist. Seine Bewegungen sind graziös und das ganze Auftreten ein natürliches; sein Schritt ist sicher und seine Kraft eine vollständige.

Alamanda, Cal.

Ich habe den künstlichen Arm mit Gummihand, welchen Sie für mich verfertigten, erhalten, und bin recht erfreut über denselben, wie dies Schreiben zeigt. Ich schreibe mit einem von der Gummihand gehaltenen Bleistift. Ich arbeite an einem Telegraphentische und nehme Depeschen vom Instrumente mit Bleistift ebenso schnell ab als mit der Feder in meiner natürlichen Hand. Samstag ging ich nach Hause und barbirte mich, wechselte meine Kleider und kam zurück; kein Mann auf der Straße sah mich an. Ich kam in die Office und überraschte alle meine Collegen. Sie können versichert sein, daß ich mit Arm und Hand sehr zufrieden bin. L. S. Griffin.

Ithaca, N. Y.

Soweit die Gummifüße in Betracht kommen, will ich sagen, daß sie nach meiner Meinung die besten sind. Ich fordere hiermit irgend einen anderen Fabrikanten der Welt auf, einen Mann vorzuführen, welcher ein Paar künstliche Beine besitzt, mit denen er geht. Ich bin im Stande, eine Meile in 13 Minuten zu gehen, ohne mich zu beeilen. Ich stehe nicht zurück gegen irgend einen Mann mit zwei guten natürlichen Füßen, in einem Wettgang von einer Meile. Ich werde alle Anfragen, welche an mich von Anderen in Bezug auf die Dauerhaftigkeit der Gummifüße gestellt werden, beantworten.
Thomas Cleary.

(Auszug aus einer Lokal-Zeitung.)
Gehen ohne Füße.

Der Beste Record überboten. — Ein ziemlich zahlreiches Publikum versammelte sich gestern Abend im Ithaca Rink, um dem Wettmarsch Thomas Cleary's beizuwohnen, welcher den besten Marsch von einer Meile, der je von einem Manne mit künstlichen Beinen gemacht wurde, zu überbieten suchte. Man wird sich erinnern, daß Cleary vor ungefähr zwei Jahren den Verlust beider Füße erlitt.

Um 9 Uhr Abends machte „der Mann ohne Füße" sein Erscheinen auf der Bahn und begann sein Vorhaben, den besten Marsch welcher bisher verzeichnet wurde, den von 19 Minuten 30 Sekunden, in Atlanta, Ga. in 1881 gemacht, zu überbieten.

Herr Cleary begann ohne sichtliche Anstrengung seinen Marsch; zu Anfang ging er ziemlich

No. 277.

gelassen doch je mehr er sich dem Meilenziele näherte desto schneller wurden seine Schritte und passirte den Meilen-Pfosten in bester Verfassung in 16 Minuten und 15 Sekunden, hiermit den besten Record um 2 Minuten und 20 Sekunden überbietend.

Mamaroneck, N. Y.

Vor mehr als zwölf Jahren hatte ich das Unglück, daß mir beide Beine von Eisenbahnwagen zerdrückt wurden, welches die Amputation unterhalb des Knies noth-

No. 278.

No. 279.

wendig machte. Ich war damals noch ein Knabe und erkannte noch nicht die Schwere meines Unglücks. Auf den Rath meiner Chirurgen begab ich mich unter Ihre Aufsicht zur Wiederherstellung. Ihre Reputation als der Competenteste im Lande hatte auf mich gleich im Anfang einen großen Eindruck gemacht. Ich fühlte und lernte sogleich begreifen, daß was Geschicklichkeit und Kunst zu thun im Stande waren, für mich gethan werden würde. Hierin habe ich mich nicht getäuscht, denn Ihre Bemühungen haben mich wieder auf meine Füße gebracht. Ich erinnere noch sehr wohl, wie stolz ich war, als ich an jugendlichen Spielen theilnehmen konnte; wie ich jede Gelegenheit benutzte zum Ballschlagen, Bootfahren, Fischen und Jagen im Sommer und Schlittschuhlaufen im Winter. Ich ging sogar so weit, meine Tänzerin bei einigen Gelegenheiten auf ländlichen Festen zu schwingen. Ich wurde ziemlich Meister auf den Schlittschuhen und freute mich über den Applaus, den meine Figuren auf dem Eise hervorriefen.

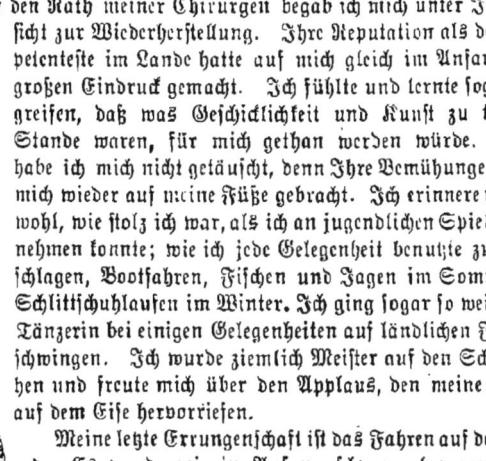

No. 280.

Meine letzte Errungenschaft ist das Fahren auf dem Zweirad. Es wurde mir im Anfang schwer, aber meine Entschlossenheit überwand die Schwierigkeiten und ich machte gute Fortschritte. Ich will nicht behaupten, daß ich sehr großen Geschmack am Fahren finde und in Rücksicht auf meine Situation ist es möglich, daß ich es nicht lange fortsetze. Mein Zweck war zu zeigen, daß es möglich ist, mit zwei künstlichen Beinen diesem Vergnügen zu huldigen und ich bin stolz auf meine Erfolge. Eingeschlossen finden Sie eine Photographie, welche mich in „Thätigkeit" zeigt.

James McDonald.

---

223 Johnson Ave., Brooklyn, N. Y., 1. Aug. 1891.

Als Knabe von sieben Jahren wurde ich dadurch zum Krüppel, daß ich vor einen Güterwagen geworfen wurde. Eines meiner Beine wurde sieben Zoll vom Körper und das andere zwei Zoll unterhalb des Knies amputirt. Ich habe Ihre künstlichen Beine mit Gummifüßen seit sechzehn Jahren benutzt und betrachte mich praktisch als wieder hergestellt. Mein Gang ist natürlich und bequem und ich bin im Stande meinen täglichen Geschäften ohne Schwierigkeit nachzugehen. Mein größtes Vergnügen ist Reiten. Ich kann mit Leichtigkeit auf- und absteigen, sitze fest im Sattel und bin fähig Trapp oder Galopp zu reiten. Ich würde ein bedauernswürdiger Mensch sein und Anderen zur Last fallen, wenn ich nicht Ihre Beine mit Gummifüßen besäße.

Achtungsvoll,

Thos. J. Kehr.

No. 347.

Dallas Co., Jowa.

Ich habe eines Ihres patentirten Glieder sechs Jahre lang getragen und bin sehr zufrieden damit. Ich bin Kohlengräber von Profession. Ich denke, daß Ihr Gummifuß ein großartiger Erfolg ist; derselbe ist mir von großem Nutzen. Ich habe nie einen andern benutzt, habe auch kein Verlangen danach, so lange ich einen Ihres Fabrikates erlangen kann; die meinige ist eine obere Amputation; ich kann fast so rasch gehen, wie ein gewöhnlicher Mann. Ich rathe denen, welche ein künstliches Bein benöthigen, es von Ihnen zu kaufen.

S. T. A.

No. 284.

Salina, Kansas.

Ich bin stets froh, meinen Stumpf anzuziehen um das Feuer zu schüren. Nachdem ich eines Ihrer künstlichen Beine mit Gummifuß seit mehr als fünfzehn Jahren benutzt habe, scheue ich mich nicht zu sagen, daß es das beste Bein im Gebrauch ist. Dasselbe ist das einfachste und dauerhafteste von allen, welche ich bis jetzt gesehen. Dasselbe schleift nicht mit den Zehen wegen Ansammlung von Schmutz oder sonstiger Stoffe und ist so einfach, daß ein Kind es in Ordnung halten kann.

Ich kann den Gummifuß mit bestem Gewissen als den dauerhaftesten und leicht zu behandelnden empfehlen, und würde jeden Verunglückten, welcher ein solches Substitut benöthigt, rathen, den Gummifuß zu versuchen. Ich habe künstliche Beine seit 1862 benutzt und verrichte alle Arten von Arbeiten.

Ich bin ein Grob- und Hufschmied.

Ich habe Brunnen gegraben, Steine gebrochen und andere schwere Arbeit verrichtet.

Ich kann in einer gegebenen Zeit weiter gehen als irgend ein Mann mit einem Beine anderer Fabrikation und mit derselben Stumpflänge als der meinigen, welche nur drei Zoll von der Mitte des Hüftgelenkes mißt. E. Lincoln.

No. 285.

McDonough, N. Y.

Ich habe eines Ihrer künstlichen Beine seit nahezu fünf Jahren benutzt und bin sehr zufrieden damit. Der Gummifuß ist eine große Erfindung, kein Quickjen oder in Unordnunggerathen. Man kann sich darauf verlassen und das Kniegelenk ist das stärkste und beste, das ich je gesehen. Ich bin Farmer und verrichte alle meine Arbeiten, wie Pflügen, Säen, Schwadenmähen, und was ein Farmer sonst noch zu thun hat. Ich habe eine Farm von 100 Acker. Ich kann Sie bestens empfehlen als Fabrikant nach Maßneh

No. 286.

men. Sie könnten mein Bein nicht passender gemacht haben, wenn ich selbst gekommen und es angepaßt hätte. Ich benutze einen Stock so selten, daß ich ihn öfters im Felde liegen lasse, wo ich gearbeitet habe.

Chas. E. Webb.

Alvah Young, welcher bei der Edison General Electric Co., New England Division, 38 Pearl Str., Boston, Mass., als Linienmann beschäftigt ist, kann als ein lebendiges Beispiel angeführt werden, in wie hohem Grade der Gummifuß ein Ersatzmittel bildet. Young verlor sein Bein vor einigen Jahren bei einem Eisenbahn-Unfall. Er schaffte sich ein Marks'sches Bein mit Gummifuß an und seitdem ist er ununterbrochen seinen Geschäften nachgegangen und verdient seinen Lebensunterhalt. Er klettert die Pfosten hinauf wie seine Kameraden, hält sich an den Kreuzhölzern mit seinem künstlichen Bein und befestigt die Drähte in sachgemäßer Weise.

No. 224.

Talcottville, Conn.

Mein Bein hat meine Erwartungen noch übertroffen. Ich spiele Ball und nehme an allen Vergnügungen im Freien Theil, laufe, springe, klettere an Bäumen hinauf und fahre auf Schlittschuhen so gut wie ein anderer vierzehnjähriger Knabe. Die mei=

No. 299.

ste meiner übrigen Zeit verbringe ich im Walde mit Jagen und Fallenstellen. Mein Bein wurde unterhalb des Knies amputirt. Sobald ich das Bein vom Agenten der Expreß erhielt, zog ich es an und ging nach Hause. Ich kann Ihre Beine Jedem bestens empfehlen.

George G. Griswold.

No. 287.

Ich habe eines Ihrer Gummifuß-Glieder seit ungefähr fünfzehn Jahren mit voller Zufriedenheit benutzt. Meine Beschäftigung ist die eines Fuhrmannes für die New York Belting u. Packing Co. Ich bin behülflich meinen Wagen zu laden und hebe zuweilen Ballen von mehreren Hundert Pfund.

Das Glied ist in fortwährendem Gebrauch. Die Amputation ist unterhalb des Knies.

C. H. Brewster,
15 Park Row,
Stadt New York.

Stadt New York.

Ich verlor mein Bein im letzten Kriege durch eine Schußwunde. Sobald mein Stumpf geheilt war, versah mich die Regierung der Ver. Staaten, mit einem ――'schen Beine mit Knöchelgelenk. Ich benutzte es kurze Zeit und fühlte mich damit zufrieden; als ich indeß einen Ihrer Gummifüße demselben anfügen ließ, entdeckte ich sogleich, daß sich mein Zustand verbesserte und daß ein Knöchelgelenk an einem künstlichen Bein so unnöthig ist, wie „Flügel an einem Schweine". Ich habe Ihre Gummi-

No. 288.

füße nun seit etwa zwanzig Jahren im Gebrauch, bin Maschinist und arbeite an der Bank und am Amboß zehn Stunden per Tag. Zehn Jahre lang arbeitete ich an der Drehbank, welche ich mit meinem Gummifuß trat.

Sonntags gehe ich mit meiner Familie spazieren und bewege mich häufig den ganzen Tag auswärts umher. Ich bin durch Ihr Patent so vollständig wieder hergestellt, daß der Unterschied zwischen mir und den Personen mit natürlichen Gliedern kaum wahrnehmbar ist. Ich stehe Niemand nach weder im Gehen noch bei der Arbeit.

William Dietz.

No. 291.

Scarborough, Tenn.

Ich empfing ein Bein auf eine Regierungs-Anweisung im Herbst 1865, welches mit einigen Reparaturen fünf Jahre lang aushielt. Ich erhielt eines Ihrer Beine im 1870 und benutzte es fünfzehn Jahre mit wenig Kosten.

Ich betrachte Ihre Gummifüße und =Hände als die besten bis jetzt erfundenen künstlichen Glieder. Ich empfing vor zwei Jahren ein Bein von Ihnen, welches nach Ihnen zugesandtem Maß fertiggestellt wurde. Ich habe mit den von Ihnen verfertigten Beinen alle Arten Arbeiten verrichtet, wie Pflügen, Graben, Holzfahren und andere schwere Arbeit. Ich bin zwanzig Meilen an einem Tage gegangen. Der Gummifuß hält länger und erfordert weniger Reparatur denn ein anderer mir bekannter.

Lewis C. Cox.

Mt. Vernon, N. Y.

No. 292.

Ich verkaufe Morgenzeitungen auf den Eisenbahnzügen, steige auf und ab, währen die Züge in Bewegung sind und benutze einen Ihrer Gummifüße; wenige meiner Freunde haben Kenntniß hiervon und solche, die es wissen, betrachten mich als den Besitzer eines ausgezeichneten Fußes. Ich fühle keine Unbequemlichkeit. Ich empfehle Ihr Bein als das beste, welches gemacht wird.

Morris, Ill.

Vor ungefähr zwei Monaten bestellte ich bei Ihnen einen Arm und eine Hand. Durch den Gebrauch erweist sich, daß dieselben bedeutend besser sind, als die, welche ich früher benutzte. Ihre Arbeit ist thatsächlich das für was Sie dieselbe ausgeben. Mein linker Arm ist ungefähr 2½ Zoll unterhalb des Elbogens amputirt.

Indem ich Ihnen allen Erfolg, den Sie verdienen, wünsche, verbleibe ich
Ihr aufrichtiger.

S. M. Hönschell.

Wellsville, Ohio.

No. 296.

Es gereicht mir zu besonderem Vergnügen, Ihnen mitzutheilen, daß die Gummihand, welche Sie für mich verfertigt haben, sehr befriedigt und mich hoch erfreut, da ich die Stelle eines Billetteurs an einer prominenten Stelle der Pennsylvania Eisenbahn bekleide und täglich eine große Anzahl Fahrkarten mit meiner Gummihand zu stempeln habe. Ich habe dieselbe seit fünf Jahren gebraucht und bin in der Lage, den Werth der Hand zu erkennen. Ich habe viele künstliche Hände gesehen, aber noch keine, welche mit meiner, hinsichtlich des guten Passens, der Nützlichkeit und Dauerhaftigkeit zu vergleichen wäre. Meine Hand wurde am Handgelenk amputirt.

Achtungsvoll, Ihr

Jno. Woolley.

Beide Arme unterhalb des Elbogens amputirt.
Mit einer Gummihand geschrieben.

Lincoln, Neb. Nov 10th 1887

Mr Marks
Dear Sir I can cheerfully recommend your artificial hands I have found them very useful money could not buy them if I could not get another pair I can go out in company and no one ever thinks of me being a cripple my hands are so natural
I write this with my artificial hands and I am preparing to take a position as writer in the Register of Deeds office I am a widow and have to earn my living It makes me shudder to think what my life would be if it were not for your artificial hands they are truly a great blessing to those who have had the misfortune to lose their hands I am well pleased with mine in every way wishing you success in your great work I am
Respectfully
Mrs Rosella Fox

(Uebersetzung.) No. 295.

Lincoln, Nebraska, den 10. November 1887.

Herr Marks.

Werther Herr. Mit Freuden kann ich Ihre künstlichen Hände empfehlen. Ich habe dieselben als sehr zweckmäßig gefunden; sie wären mir nicht für Geld feil, wenn ich kein anderes Paar bekommen könnte. Ich kann in Gesellschaft ausgehen und Niemand denkt daran, daß ich ein Krüppel sei, meine Hände sind so natürlich.

Ich schreibe dies mit meinen künstlichen Händen und ich beabsichtige, eine Stelle im Bureau der Besitztitel-Registratur anzutreten. Ich bin eine Wittwe und muß meinen Lebensunterhalt verdienen. Es macht mich schaudern, wenn ich daran denke, was mein Leben ohne Ihre künstlichen Hände sein würde; dieselben sind wahrlich ein großer Segen für alle, welche das Unglück hatten ihre Hände zu verlieren.

Ich bin in jeder Hinsicht mit den meinigen sehr zufrieden. Indem ich Ihnen in Ihrem großen Werke den besten Erfolg wünsche, verbleibe ich

Achtungsvoll,

Frau Rosella Fox.

Oconto, Wis.

Ich habe das Vergnügen Ihnen mitzutheilen, daß der Arm, welchen Sie mir geschickt haben, meine Erwartungen übertrifft und mit Freuden empfehle ich Ihre künstlichen Glieder Jedem, der sie benöthigt. Ich bin ein Maler von Beruf, zwanzig Jahre alt und benutze den Arm, den Sie mir geschickt, seit vier Jahren ohne Ausgaben für Reparatur und betrachte ihn jetzt noch für ebenso gut, als an dem Tage da ich ihn empfing.

Mein Arm wurde am Handgelenk amputirt und ich habe nie mißliche Folgen verspürt, seit ich denselben mit Ihrem Fabrikat versehen.

Achtungsvoll Ihr,

No. 297.

Jos. E. Keefe.

Unsere auswärtigen Geschäftsverbindungen.

Wir haben Applikanten in allen Theilen der Welt und effektuiren fortwährend Bestellungen von fremden Ländern. Es kann kein gewichtigeres Zeugniß der Vorzüglichkeit und Anerkennung der befriedigenden Eigenschaften unseres Fabrikats geben, als die Thatsache, daß diese Besteller, welche in einer so großen Entfernung wohnen, unsere Arbeit wählen, weil sie einen Artikel wünschen, der stets in gutem Zustand bleibt und einer öfteren Reparatur nicht bedarf.

Certificat.

(Uebersetzt aus dem Spanischen.)

Wir bescheinigen, daß das Etablissement von A. A. Marks in dieser Stadt eines der ältesten und zuverlässigsten in der Herstellung von künstlichen Gliedern ist.

Dies Etablissement giebt die besten Garantien von allen in den Vereinigten Staaten.

Hipolito De Uriarte, General-Consul für Spanien, 1883.
Jose Carlos Tracy, Consul für Peru.
Jacobo Baiz, General-Consul für Guatemala und Salvador.
Hipolito Billini, Consul für die Republik Dominica.
Francis Spies, General-Consul für Ecuador.
Melchior Obarrio, General-Consul für Bolivia.
D. De Castro & Co.
F. Parraga.
Tellado Giberga & Co.
A. G. Tickerson.
Jose G. Garcia.
R. & C. Degener Co.
John Osborne, Sohn & Co.
P. E. Desvernine.
Kane & Behrens.
C. Julian.
Abraham Baiz.
Wm. R. Grace, Kaufmann und Bürgermeister der Stadt New York.
J. De Rivera & Co.

S. Samper & Co.
N. Ponce De Leon.
Edwardo Avila, Legations=Attaché für Uruguay.
Miguel Suarez, General=Consul für Spanien, 1884.
Carlos Farini, General-Consul für Uruguay.
Clunaco, Consul für Columbia.
Salvador De Mendonca, brasilianischer Gen.=Consul in den Ver. Staaten.
Gebrüder Lavandeyra.
E. Egnes.
F. Miranda & Co.
Jos. F. Spinney.
Horatio N. Hamilton, Consul für Venezuela.
N. Martinez, Consul für die Argentinische Republik.
Juan Ruiz.
Gebrüder Davis.
Parez Triana & Co.
J. Parker Read Co.
Friedrich Probst & Co.

Scilly Cone, Trinity Bay, Neufundland.

Es gereicht mir zum großen Vergnügen, mein Zeugniß über die Vorzüglichkeit des Gummifußes, wie er mit Ihren künstlichen Beinen verbunden ist, abzugeben. Ich habe ein von Ihnen fabrizirtes künstliches Bein seit den letzten fünf Jahren benutzt und hat mich während dieser ganzen Zeit in vollem Maße befriedigt. Ich hatte keine Reparaturen irgend welcher Art. Das erwähnte Glied war nach Maß gemacht worden und erwies sich als ausgezeichnet passend. Seit ich mein Bein von Ihnen empfing, habe ich mehreren anderen Personen Maß genommen und die Beine, welche von Ihnen geliefert wurden, sind alle nach Wunsch ausgefallen. Mein Beruf, der eines Schullehrers, verlangt ein fast fortwährendes Stehen, aber Dank Ihres gutangepaßten Beines, fühle ich weder Schmerzen im Stumpfe noch sonstige Ermüdung. Sieben Jahre lang benutzte ich ein Bein anderer Fabrikation, doch das Ihrige übertrifft dasselbe bei weitem. Ich verbleibe

achtungsvoll Ihr,

H. C. Morris.

[N. B.—Herr Morris ist competent im Maßnehmen und besorgt alle Theile der Bestellung, Empfangnahme und justirung künstlicher Glieder ; irgend eine derselben benöthigende Person kann sich vertrauensvoll an ihn wenden und wird auf's Beste bedient werden.—A. A. Marks.]

Die Gebrüder Fleming.
Jeder derselben benutzt zwei künstliche Beine für Amputationen unterhalb des Knies.

Neufundländer Fischer erinnern sich noch sehr gut des kalten Sturmes vom 1sten April, 1888. Da war es, daß die Brüder Edward und Peter Fleming, beide Fischer von Forbay von einem schweren Mißgeschick heimgesucht wurden, durch welches sie ihrer unteren Extremitäten beraubt wurden und nahezu ihr Leben einbüßten.

Sie lagen in ihrem Boote in einiger Entfernung von der Neufundland=Küste des Fischens ob, als sich plötzlich ein Sturm erhob und sie aus dem Bereich ihres Schiffes forttrieb. Zwölf Tage trieben sie in der fürchterlichsten Kälte auf dem Ozean umher; allen Schrecken und Entbehrungen ausgesetzt und erfroren; ohne Speise und Trank, ohne Hülfe und Hoffnung. Als die Leiden und Entbehrungen sie bis zum Tode ergeköpft hatte, nahte sich eine Barke, nach Quebec bestimmt, und nahm die mehr todt als lebenden Fischer auf und sorgte für sie nach Kräften. Allein ihren Leiden konnte nicht geholfen werden, bis man sie in Quebec ins Hospital brachte, wo die Amputation beider Beine eines Jeden für nothwendig erachtet wurde. Dieselben hatten so vom Frost gelitten, daß es nicht möglich war, sie zu retten. Im Verlaufe der Zeit Peter und Edward sandten ihr Maß zu A. A. Marks in New York für zwei Paar künstlicher Beine.

Der unten abgedruckte Brief berichtet das Resultat:

Forbay, Neufundland.

Ich hoffe Sie werden mich entschuldigen, daß ich nicht früher geschrieben habe, aber ich wollte zuerst sehen, wie ich im Schnee fortkomme, denn wir haben hier schwere Schneestürme. Mein Bruder Peter und ich kommen besser durch als wir geglaubt haben. Wir begegneten Leuten in der Straße, welche uns kannten und sich höchlichst darüber wunderten, daß wir im Stande waren so gut auf künstlichen Beinen zu gehen. Ihre künstlichen Beine mit Gummifüßen sind die besten welche je erfunden wurden. Ich habe mehrere Personen gesehen, welche sie benutzen und alle sind zufrieden. Ich betrachte meine und meines Bruders Wiederherstellung als eine wundervolle. Wir würden nichts ohne Ihre Hülfe thun können. Theurer Freund, ich muß schließen. Ich wünsche Ihnen alles Glück in Ihrem guten Werke.

Achtungsvoll Ihr

Edward Fleming.

———

St. Roselin Junction, Quebec, Canada.

Ich habe eines Ihrer künstlichen Beine mehr als drei Jahre mit größter Zufriedenheit benutzt. Punkt der Amputation ungefähr sechs Zoll vom Hüftengelenk und mein Gewicht ist zwei hundert und sechsundzwanzig Pfund. Ich bin ein Nachtwächter in der G. T. Ry. und patrollire von 7 Uhr Abends bis 7 Uhr Morgens. Mein Bein hat während all der Zeit noch nichts für Reparatur gekostet.

G. P. Hamel.

———

River Head, Harbor Grace, Neufundland.

Mein Bein, wie Sie bereits wissen, war oberhalb des Knies amputirt (vier Zoll). Ungefähr neun Monate nach der Amputation begann ich eines Ihrer patentirten künstlichen Beine zu benutzen, für welche ich Ihnen die Messungen eingesandt hatte. Ich zögere nicht zu bekennen, daß ich kein passenderes Glied hätte finden können, wenn ich mich an eine andere Fabrik gewandt hätte.

Während der zwei Jahre, in welchen ich das Bein stets benutzt habe, ist es nicht eine Stunde lang entfernt worden und seit der Zeit der ersten Benutzung hat es sich nie am Tragpunkte gerieben.

Die Vorzüge, welche Ihr Bein über alle anderen Fabrikate besitzt sind, wie ich glaube, zum großen Theil in dem Gummifuße zu finden.

Richard Dwyer.

———

Shag Valley Station, Waihemo, Otago, Neuseeland.

Es macht Ihnen vielleicht Vergnügen zu hören, daß Herr Trapski das Bein, welches Sie für ihn verfertigt haben, erfolgreich benutzt und leicht und schnell damit geht. Er hat allen Grund Ihnen dankbar zu sein für die Mühe, welcher Sie sich in seinem Falle unterzogen haben, und wird, davon bin ich überzeugt, Ihre künstlichen Glieder allen denen empfehlen, welche von einem gleichen Mißgeschick betroffen werden. In diese Empfehlung stimme ich herzlich mit ein.

Frank D. Bell.

Old Pertican, Trinity Bay, Neufundland.

Ich habe oft gedacht, daß kein lebender Mensch so viel für mich thun könnte, als Sie für mich gethan haben. Vor ungefähr zwei Jahren erlitt ich eine heftige Erkältung in meinem Beine und versuchte es mit jedem Arzt in der Nachbarschaft, um das Uebel zu heben. Alles erwies sich hilflos. Doktor Anderson sagte mir, daß das einzige Mittel um mein Leben zu retten, die Amputation meines Beines sei; ich gab sofort meine Zustimmung und gab alle Hoffnung auf die Annehmlichkeiten dieses Lebens auf.

Ich habe eines Ihrer Beine ein wenig über zwölf Monate im Gebrauch und bemeistere alle Bewegungen, außer Fliegen. Ich bin zwölf Meilen in einem Tage gegangen. Ich gehe Jagen, Fischen, und kümmere mich um Niemand. Oft wünsche ich, daß ich's jedermann mittheilen könnte, welche Veränderung mit mir vorgegangen ist, seit ich Ihr künstliches Bein benutze. Ich bin nicht wie jener Fuchs, welcher seinen Schwanz verloren hatte und nun seine Kameraden überreden wollte, den ihrigen auch abzuschneiden; nein, aber kommen Sie und sehen Sie mich, und Sie werden den frohesten, glücklichsten Menschen der Welt finden, der früher einer der miserabelsten war.

Vor einiger Zeit sprach ich mit einem Manne, mit einem von England importirten Beine; es war in London fabrizirt. Als er sah, was ich mit dem meinigen verrichten konnte, sagte er mir, daß er das seinige abdanken würde.

Uriah Bursey.

Mount Pleasant, Runcorn, Cheshire, England.

Ich habe jetzt das Bein, welches Sie für mich verfertigt haben, fünf Jahre hindurch benutzt und bin erfreut sagen zu können, daß ich vollkommen mit demselben zufrieden bin. Der Gummifuß ist beinahe ein Wunderding für Jeden, und hinsichtlich seiner dauerhaften Construktion kann er nicht übertroffen werden. Das Bein wurde nach Maß gefertigt, welches der residirende Chirurg der Liverpool königlichen Infirmary an mir genommen hatte, und ich empfing ein künstliches Glied von Ihnen, welches genau passend und bequem befunden wurde. Der Punkt der Amputation, der ich mich unterziehen mußte, ist ungefähr zwei Zoll oberhalb des linken Knies. Mein Beruf ist der eines Victualienhändlers in einem Co-operativ-Laden, und die längste Zeit die ich auf den Füßen bin ist Freitags, zehn Stunden, und Samstags von ungefähr 11 Uhr Morgens bis 10 Uhr 30 Abends.

Ich fühle nicht sehr ermüdet nach meinem Tagewerk.

Walter Lacy.

Amsterdam, Holland.

Es macht mir Vergnügen zu bezeugen, daß die beiden Beine, welche Sie mir nach Maß verfertigt haben, meine volle Zufriedenheit in jeder Hinsicht finden. Ich habe nie Beine besserer Construction gesehen.

Der Gummifuß und das Kniegelenk sind allen anderen, welche ich bis jetzt gesehen, weit vorzuziehen. Ich verlor mein Bein oberhalb des Knies im Jahre 1872 durch Quetschung von einer Maschine.

Francis Harkenrath.

Mexico.

Ich habe mir das Vergnügen gemacht, Ihre künstlichen Beine Leuten zu empfehlen, welche dieselben benöthigen und welche ich während meiner Anwesenheit in dieser Stadt getroffen habe. Ich benutze das Bein, welches Sie für mich verfertigt haben, täglich, und finde dasselbe fester und einfacher als irgend eines von denen, welche ich anderwärts habe machen lassen.

Federico Larrang,
General-Consul für Peru in Panama.

Kopenhagen, Dänemark.

Im Alter von 13 Jahren verlor ich mein rechtes Bein und benutzte ein gewöhnliches hölzernes Bein bis zum Alter von 44 Jahren. Zu dieser Zeit wurde meine Aufmerksamkeit auf Ihre künstlichen Beine mit Gummifüßen gelenkt. Ich sandte Ihnen das Maß und empfing ein Bein von Ihnen, welches ich bisher in Benutzung habe, jetzt während etwa sechs Jahren. Ich bin sehr zufrieden damit. Es paßt mir ganz ausgezeichnet und hat noch keine Reparatur von Bedeutung erfordert. Die neuen Traggurte sind eine wirkliche Verbesserung. Der Stumpf, allerdings nur ein und siebenachtel Zoll, ist nie angegriffen gewesen, seit ich das Bein benutze.

G. Heinemann.

(Privat-Correspondenz des General-Postmeisters.)

Orizaba, Mexico.

Vor fünf Jahren trat zu mir die Nothwendigkeit heran, mein rechtes Bein vier Centimeter oberhalb des Kniegelenkes amputiren zu lassen und seit der Zeit habe ich eines Ihrer patentirten künstlichen Beine mit Gummifuß in Gebrauch gehabt. Bis zur gegenwärtigen Zeit habe ich es nur nicht für unnöthig befunden das Bein einer Reparatur zu unterziehen, sondern kann demselben mit ein wenig Firniß das Ansehen eines neuen geben, trotzdem ich dasselbe täglich benutze, sowohl zum Gehen wie zum Reiten.

Es ist solide in der Construktion, außerordentlich leicht, perfekt in Form und leicht zu behandeln. Es ist schwer dasselbe beim ersten Anblick von einem natürlichen zu unterscheiden, als es demselben ungemein ähnlich sieht. Ich gehe mit demselben jeden Tag, ohne Hülfe eines Stockes und jeden Tag beglückwünsche ich mich mehr und mehr, daß ich Ihnen meine Bestellung übersandt habe, weil ich glaube, es steht außer Frage, daß Ihr Haus in der Fabrikation künstlicher Glieder von keinem Hause in der Welt übertroffen werden kann.

Ich empfehle Ihr Haus fortwährend wo sich Gelegenheit dazu bietet, und ich lausche mit Vergnügen dem Lobe welches mein Bein von Personen erfährt, die seine Einfachheit und perfekte Ausführung bewundern.

E. Guasp de Paris.

Mineral de la Encarnacion Estado de Hidalgo, Mexico.

Das Bein, welches Sie für mich gemacht haben ist viel mehr zu meiner Befriedigung als dasjenige, welches ich zuvor benutzte. Ich kann mit demselben ausgezeichnet gehen, trotzdem der hiesige Boden sehr uneben ist. Ich fühle dankbar für Sie, wie Alle sollten, welche durch Sie nach langen Leiden wieder hergestellt sind.

Adolfo Perez.

Perez & Parraga,
San Salvador, Central-Amerika.

Es sind jetzt sechs Jahre, seit ich von Ihnen ein künstliches Bein bezog. Während dieser Periode hatte ich nie Gelegenheit etwas an demselben auszusetzen. Ich gehe viel und zwar ohne Stock oder sonstige Unterstützung. Ich empfinde keine Schmerzen oder sonstige Unannehmlichkeit.

Seit ich von Centralia zurückgekehrt bin, finde ich es für nöthig längere Reisen zu Pferde zu machen. In diesem hat das Bein mir große Dienste gethan. Ich bin stolz auf meine leichten und graziösen Bewegungen und die Leichtigkeit, mit welcher ich auf- und absteige.

Der Gummifuß ist eine höchst excellente Erfindung; ohne denselben würde meine Fähigkeit, mit Sicherheit in diesem Lande zu gehen, sehr in Frage gestellt sein; die Straßen sind so sehr rauh und steinig.

Manuel A Parraga.

Brief vom Sohne des früheren Präsidenten der Republik Peru.

Lima, Peru, Süd-Amerika.

Es macht mir großes Vergnügen, Sie zu versichern, daß das künstliche Bein, welches ich bestellte um den Platz dessen einzunehmen, welches ich in dem Gefecht vom 27. August 1884 verloren, zu meiner größten Zufriedenheit ausgefallen ist.

Es ist recht und billig daß ich Ihr Fabrikat empfehlen sollte, seit ich befähigt bin mich desselben mit solchen Vortheil zu bedienen.

Absolon M. Yglesias.

St. Thomas, West-Indien.

Seit drei Jahren habe ich eins der Marks'schen künstlichen Beine mit Gummifuß benutzt und muß die Vorzüge dieser Fabrikation von künstlichen Gliedern ehrend anerkennen, besonders in Dauerhaftigkeit, Leichtigkeit und Einfachheit. Ich habe für Reparatur auch noch nicht einen Cent ausgelegt, seit ich das Bein benutze und habe es hinlänglich geprüft, um über seine Vorzüglichkeit urtheilen zu können. Ich gehe meilenweit ohne Stütze eines Stockes.

Ich gehe ganz wie gewöhnlich meinen Vergnügungen nach, über Berg und Thal und zwar ohne Zeichen von Ermüdung und Unbequemlichkeit.

R. D. Motherfill.

Waseda, Tokio, Japan.

Ich bin von Sr. Excellenz, Grafen Okuma ersucht worden, Sie zu benachrichtigen, daß das künstliche Bein, welches Sie für ihn verfertigten, hier vor einiger Zeit in bester Ordnung eingetroffen ist. Der Graf ist im hohen Grade erfreut über die prächtige Herstellung des Beines und hat bereits bedeutende Fortschritte im Gebrauch desselben gemacht. Das künstliche Bein gefällt ihm ausgezeichnet gut und bedarf, wie es scheint, keiner Aenderung. Seine Excellenz ersucht mich, Ihnen herzlich zu danken für die prompte und zufriedenstellende Weise, in welcher Sie seine Bestellung ausgeführt haben und hinzuzufügen, daß weiterer Fortschritt Ihnen im Laufe der Zeit bekannt gegeben wird. Achtungsvoll Ihr

T. Kato.

Napanee, Ontario, Canada.

Nachdem ich eines Ihrer künstlichen Beine seit ungefähr achtzehn Jahren benutzt habe und nachdem ich zwei andere von verschiedenen Fabrikanten ebenfalls benutzt, kann ich aus Erfahrung sprechen und bin überzeugt, daß kein Bein fabrizirt wird, welches den Ihrigen gleich kommt, besonders in Dauerhaftigkeit, da kein Knöchelgelenk vorhanden ist (welches gewöhnlich zu einer Rasselbüchse ausartet), oder Federn irgend einer Art, welche nachgeben, und der Träger fühlt sich stets sicher gegen Niederbrechen, welches oft stetes Befürchten für den Träger anderer Glieder ist. Der Gummifuß nimmt zum großen Theil den Platz des Knöchelgelenkes ein; derselbe ist so weich und elastisch, daß er das stoßende Geräusch verhindert, welches gewöhnlich bei Beinen mit Knöchelgelenken gehört wird, 2c.

Meine Amputation ist ungefähr drei Zoll unterhalb des Knies. Ich gehe so gut, daß manche meiner Bekannten mich seit Jahren gesehen, ohne zu wissen, daß ich ein künstliches Glied benutze, bis sie davon unterrichtet worden. Es macht mir Vergnügen, Ihre künstlichen Beine mit Gummifüßen Allen bestens zu empfehlen, welche in der mißlichen Lage sind, ein solches Substitut zu benöthigen.

J. P. Hanley, G. T. R. Agent.

拝啓仕候陳者爾生貴店ニ於テ調製ノ木足
最早五ヶ年間ニ使用致シ爾来実ニ満足之至ニ
御坐候就テハ小生帰国ノ上ハ貴店調製ノ木足
実ニ善良ナルヲ本邦人ニ相話之可申候也
明治二十二年十二月廿四日
　　　　　　　　　米国華府ニテ
　　　　　　　　　西川菊次郎
エー・エー・マアルクス様

(Uebersetzung.) 　No. 307

Japanesische Legation, Washington, D. C., Dez. 23, 1889.

Herr A. A. Marks.

Werther Herr!—Ich habe ein von Ihnen verfertigtes künstliches Bein mit Gummifuß während der letzten fünf Jahre benutzt und versichere Sie, daß es mich im höchsten Grade zufriedengestellt hat. Ich empfehle Ihr Fabrikat herzlich. Ich werde mit Freuden das Beste davon allen meinen Landsleuten, welche wie ich heimgesucht sind, berichten, sobald ich nach Japan zurückkehre.

Achtungsvoll,　　　　K. Saigo.

Lima, Peru, Süd-Amerika.

Worte sind nicht im Stande die Dankbarkeit auszudrücken, welche ich für Sie empfinde für die große Erfindung welche Sie durch Ihre „patentirten künstlichen Beine" gemacht haben. Die Natürlichkeit der Bewegung, Einfachheit des Mechanismus, Gewicht und, in der That, Alles wirkt zusammen in der Möglichkeit, dieselben mit der größten Leichtigkeit zu handhaben. Ein in das Geheimniß nicht Eingeweihter würde heute sagen, daß ich kein künstliches Bein benutze.

Miguel P. Bravo

Warnung

für Solche, welche ein künstliches Glied zu kaufen beabsichtigen.

Künstliche Beine mit Gummifüßen und künstliche Arme mit Gummihänden sind die Erfindungen von A. A. Marks.

Die Patenturkunden, welche von der Firma A.A.Marks geeignet und kontrollirt werden, tragen die folgenden Daten: Dezember 1, 1863; März 7, 1865; November 16, 1880; März 30, 1886; Juli 12, 1887; März 8, 1892; Januar 3, 1893. Diese Patente decken nicht allein die Original=Erfindungen von Gummifüßen und Gummihänden, sondern alle Verbesserungen, welche i m m e r an denselben gemacht wurden.

Mit diesen Gummi=Extremitäten konstruirte künstliche Glieder haben sich für die Verstümmelten als ein großer Segen erwiesen. Ihre Vorzüge haben dem Vorurtheil und der bittersten Opposition Trotz geboten; trotz allen Einflüssen, welche gegen die Gummifüße und =Hände geltend gemacht wurden, stehen dieselben jetzt ohne Gleichen vor der Welt. Ueber 14,000 sind in aktiven Gebrauch genommen worden und das allgemeine Urtheil ist überwältigend zu ihren Gunsten. Seit einer Reihe von Jahren haben unsere Gummihände und =Füße eine große und stets zunehmende Verbreitung. Unsere Concurrenten müssen dies schmerzlich empfinden und manche von ihnen wurden zu zweifelhaften Maßregeln, ja sogar zu unehrlichen Kunstgriffen veranlaßt, um dem stets wachsenden Begehr nach unseren Fabrikaten entgegenzutreten. Manche haben unsere Erfindungen der letzten fünfundzwanzig Jahre aufgenommen, und Andere haben Gummi=Knöchel und Gummi=Fersen ersonnen und preisen dieselben an als „künstliche Beine mit Gummifüßen." Dieselben Personen, welche noch vor nicht langer Zeit unsere erbittertsten Gegner waren, erkennen jetzt die Vorzüge unseres Fabrikats und versuchen unsere Produktionen nachzuahmen.

Es ist kaum nöthig, das Publikum vor diesen unächten, unberufenen, sogenannten Künstliche=Glieder=Fabrikanten zu warnen, welche versuchen, dem Krüppel ihre künstlichen Glieder aufzuhalsen.

Wer direkt mit uns in Verbindung tritt, kann versichert sein, das ächte, beste und erprobteste Fabrikat zu erhalten. Wenn Sie Ihre Bestellung durch dritte Hand senden, seien Sie vorsichtig, Ihre Instruktionen für A. A. Marks' künstliche Glieder zu geben, und wenn Sie das Glied erhalten, untersuchen Sie sorgfältig, ob es die Geschäftsmarke und die obigen Daten der Patente enthält, ist das nicht der Fall, so weisen Sie das Fabrikat zurück.

A. A. MARKS,

701 Broadway, New York City.

— Krücken. —

Die Krücken, welche wir offeriren, sind die besten; stark und geschmackvoll. Dieselben sind aus Rosenholz, Lanzenholz und Felsen=Ahorn gefertigt, wie in der Beschreibung gesagt ist. Felsen=Ahorn (Rock maple) sind die stärksten und werden meistens bevorzugt; wir senden dieselben stets, wenn nicht andere bezeichnet werden.

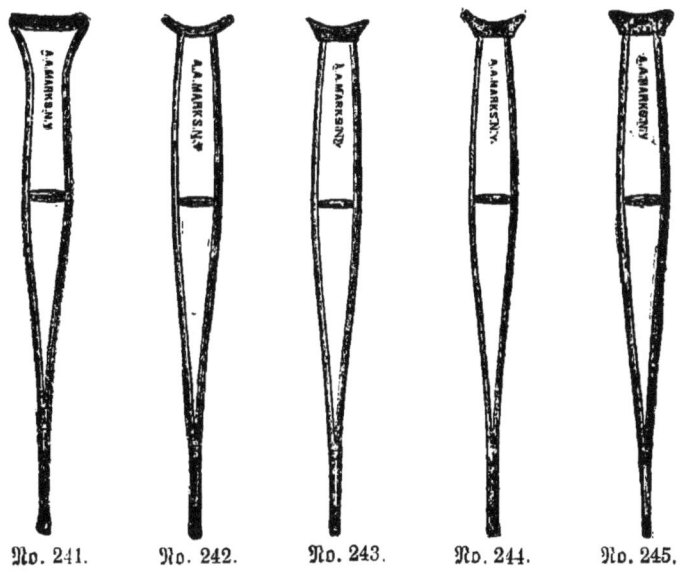

No. 241.   No. 242.   No. 243.   No. 244.   No. 245.

Das Holz in allen unseren Krücken ist mit größter Sorgfalt ausgewählt. Die Handstützen sind durch lange Rietnägel, welche von einer Seite der Krücke durch die Handstütze hindurch bis zur entgegengesetzten Seite laufen, wo sie vernietet sind, gestärkt. Dies geschieht, um Unfälle zu verhüten, welche sich so oft beim Gebrauch anderer, mit Schrauben versehenen Krücken ereignet haben.

Die vorstehenden Abbildungen repräsentiren die verschiedenen Arten von Krücken und Zwingen.

No. 241 ist bekannt unter dem Namen Whitmore=Krücke. Die Seitenstöcke sind durch Dampf gebogen; die Kopfstücke sind aus feinstem russischen Leder gefertigt, mit gekräuseltem Haar gestopft und an den Seiten sicher befestigt. Die weiche Qualität der Kopfstücke, deren Elastizität noch durch die Federkraft der Seitenstöcke erhöht wird, geben den Armen eine bequeme Stütze. Patentirte Klammer=Zwingen, No. 246 und 247 sind am Fußende benutzt; sie halten No. 249 Endspitzen. Alle Verzierungen sind nickelplattirt. Die Krücken sind prächtig polirt. Preis per Paar Rosenholz, $10.00; Lanzenholz, $10.00; Felsen=Ahorn, $8.00.

No. 242 ist bekannt unter dem Namen „cow horn top", weil das Armstück einem Kuhhorn gleicht. Diese Sorte ist sehr leicht, geschmackvoll und stark. Die Armstücke sind aus Kirschholz verfertigt, recht glatt und aufs schönste polirt. Diese Armstücke werden häufig den Polstern vorgezogen—sie sind bequem und weil sie glatt sind schonen sie die Kleidung eben so gut als die gepolsterten. Preis per Paar, Felsen=Ahorn, $3.00.

No. 242 D gleicht No. 242, mit vollen nickelplattirten Verzierungen, mit No. 320 Zwinge und No. 321 Gummi=Endspitze. Preis per Paar, Rosenholz $6.00; Felsen=Ahorn $4.00.

No. 243, gute starke Ahorn-Krücken mit Kirschholz Armstücken, per Paar $2.50.
No. 244, einfache gespaltene Krücken mit Kirschholz Armstücken und No. 250 Gummi-Endspitze, $2.00.
No. 245, dieselbe Art wie No. 243, besser polirt, mit gepolsterten Armstücken, aus Leder gefertigt und mit getrolltem Haar gestopft; sie sind bequeme, weiche Krücken. Preis per Paar, $3.00.
No. 245 D, dieselbe Art wie No. 245, mit vollen nickelplattirten Verzierungen, mit No. 320 Zwingen und No. 321 Gummi-Enden. Preis per Paar $4.00.
No. 245 E, dieselbe Art wie No. 245 D, schwarz gefleckt. Preis per Paar $5.00.
Eine einzelne Krücke wird zu dem halben Preise eines Paares verkauft.

Um Irrungen zu vermeiden, bediene man sich bei Bestellungen der vorstehenden Nummern.

Der Bestellung füge man den Betrag des Geldes bei. Gebe die Länge in Zollen von der Armhöhle bis zum Boden wenn der Arm an der Seite herabhängt und die Person aufrecht und gerade steht.

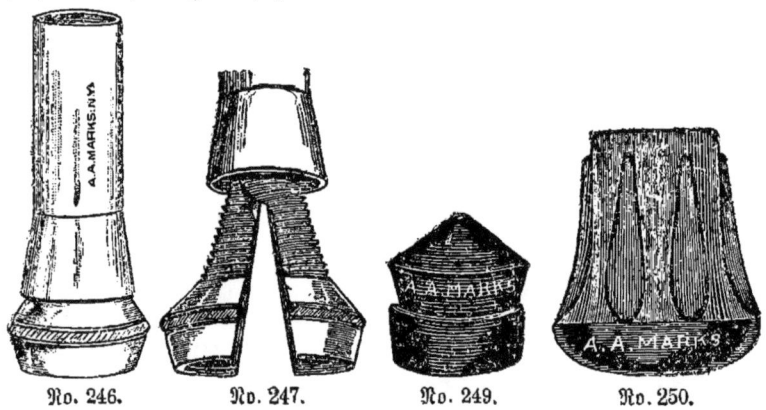

No. 246.   No. 247.   No. 249.   No. 250.

No. 246, patentirte Klammer-Zwinge ohne die Gummi Endspitze. No. 247 repräsentirt dieselbe Art geöffnet, um die Gummispitze No. 249 aufzunehmen. Dieselben sind durch festes Einschrauben in die Hülsen gesichert. Diese Klammer Zwingen sind aus gegossenem Messing gefertigt, nickelplattirt und können an die Enden von Krücken angeschraubt werden, welche ¾ Zoll im Durchmesser haben. Preis per Paar, $2.50.

No. 249, Gummispitze, zur Benutzung mit No. 246 und 247 Zwingen. Größe, einen Zoll im Durchmesser. Preis per Paar, 25 Cent, oder $2.50 per Dutzend Paar.

No. 250, Gummi-Zwinge, benutzt an den Enden der Zwingen von Krücken oder Stöcken um dem Ausgleiten, sowie dem unangenehmen Stampfen vorzubeugen und die Fußböden gegen Eindrücke zu verschonen.

No. 15 paßt ⅜ Zoll Durchmesser, Preis per Paar 25 Cent.
No. 16 " ½ "   "   "   " 25 "
No. 17 " ⅝ "   "   "   " 35 "
No. 18 " ¾ "   "   "   " 35 "
No. 19 " ⅞ "   "   "   " 35 "
No. 20 " 1 "   "   "   " 40 "
No. 21 " 1⅓ "   "   "   " 40 "
No. 39 " 1½ "   "   mit Basis 2½ Zoll Durchmesser, Preis $1.00 das Stück, passend für Stelzfüße.

No. 44 paßt 1⅞ Zoll Durchmesser, mit Basis von 3 Zoll Durchmesser, Preis $1.50 das Stück, passend für Stelzfüße.

 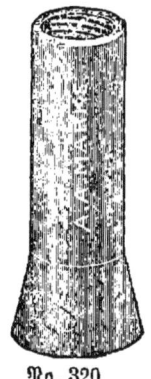 

No. 251.   No. 320.   No. 321.

No. 251. Adjustirbare Eis=Spitern, bestehend aus messingenem kegelförmigen Zapfen, durch welche stählerne Spitern passiren. Ein Ende jeder Spiter ist verbunden mit der Gummispitze, und das andere Ende reicht unterhalb des kegelförmigen Zapfens hinaus. Spitzen No. 249 sind durch die Mitte mit Oeffnungen versehen, in welche die Spitern hineinpassen. Spitern können so adjustirt werden daß sie durch Drehung der Kegel zu dem Boden passend gemacht werden, mit welchem sie in Berührung kommen sollen. Preis per Paar, 50 Cent.

No. 320, schwere messingene nickelplattirte Zwingen welche an die Enden von dreiviertelzöllige Krücken geschraubt werden können. Sie halten No. 321 Gummispitzen. Sie werden benutzt an Krücken No. 242 D, 245 D und No. 245 E. Preis per Paar $1.00.

No. 321, Solide Gummispitzen, bestimmt um in Zwingen No. 320 geschroben zu werden. Preis per Paar 25 Cent.

Lehn= und Rollstühle für Invaliden.

No. 350.

No. 350. Lehnstuhl für Invaliden. Dieser Stuhl kann leicht in irgend eine Position versetzt werden; von aufrechter zu neigender Stellung, je nachdem es der Invalide wünscht, und wenn der gewünschte Grad erzielt ist, so wird er durch einen verbesserten Halter fest und sicher in seiner Position gehalten.

Jedes Bein ist mit Rollen, Rücken und Sitz sind mit Rohrgeflecht versehen und die Arme sind von Holz.

Zusammengefaltet nimmt der Stuhl einen Raum ein von fünfundvierzig Zoll Länge, vierundzwanzig Zoll Breite und acht Zoll Tiefe.

Höhe des Sitzes vom Boden 20 Zoll; Weite des Sitzes, 19 Zoll; Höhe der Rücklehne vom Sitz, 34 Zoll; Höhe des Sitzes vom Fußbrett, 17 Zoll.

Preis: Eichenholz, $13.00; schwarz Wallnuß, $14.00.

No. 351. Rollstuhl für Invaliden. Dieser Rollstuhl kann nicht zurückgelehnt werden.

Höhe der Rücklehne vom Sitz, 21 Zoll; Weite des Sitzes, 18 Zoll; Tiefe des Sitzes von vorne nach hinten 17½ Zoll; Höhe des Sitzes vom Boden, 20 Zoll; Höhe des Sitzes vom Fußbrett, 17 Zoll; Höhe der Armlehnen über dem Sitz, 10½ Zoll; Höhe der Räder vom Boden 30 Zoll.

Gewicht des Stuhles ungefähr 40 Pfund. Geht durch eine Thür von 23 Zoll Weite. Preis: Eichenholz, $16; Hand-Rims $2 extra.

No. 351.

No. 352. Lehnbarer Rollstuhl für Invaliden. Dieser Stuhl ist allerdings nicht so wünschenswerth als die theueren, dennoch ist er stark, bequem, und erfüllt seinen Zweck. Er ist leicht zu irgend einer Position, von aufrechter in lehnende Stellung zu bringen.

Höhe der Rücklehne vom Sitz, 34 Zoll; Höhe des Sitzes vom Boden, 20 Zoll; Höhe des Sitzes vom Fußbrett, 17 Zoll; Tiefe des Sitzes von vorne nach hinten, 19 Zoll; Höhe der Räder, 30 Zoll; Weite des Sitzes, 19 Zoll; Höhe der Armlehnen über dem Sitze, 9½ Zoll. Geht durch eine Thür von 28 Zoll Weite. Preis: Eichenholz, mit Rohrgeflecht, $25 das Stück. Hand-Rims, $2.00 extra.

No. 352.

No. 353. Rollstuhl für Invaliden. Dieser Rollstuhl ist nicht lehnbar. Er besitzt Hand-Rims an den Rädern für den Gebrauch auf der Straße.

Höhe der Rücklehne vom Sitz, 30 Zoll; Weite des Sitzes, 19 Zoll; Tiefe des Sitzes von vorne nach hinten, 18 Zoll; Höhe des Sitzes vom Boden, 20 Zoll; Höhe des Sitzes vom Fußbrett, 17 Zoll; Höhe der Armlehnen über dem Sitze, 8½ Zoll; Höhe der Räder vom Boden, 30 Zoll.

Gewicht des Stuhles, ungefähr 40 Pfund. Geht durch eine Thür von 28 Zoll Weite. Preis: Eichenholz, $26.00; schwarz Wallnuß, $29.

No. 353.

No. 354. Rollstuhl für Invaliden. Dieser Stuhl ist für den Straßengebrauch, um von Jemandem geschoben zu werden. Er ruht auf Federn und ist mit Vorrichtung zum Schieben versehen. Das Fußbrett läßt sich nach vorne zu aufschlagen, kann auch als Tritt beim Einsteigen benutzt werden. Die Vorderräder können beim Passiren von Hindernissen gehoben werden.

Höhe der Rücklehne vom Sitz, 24 Zoll; Höhe der Hinterräder, 28 Zoll; Höhe der Vorderräder, 13 Zoll; Höhe des Sitzes vom Boden, 23 Zoll; Höhe des Sitzes vom Fußbrett, 16 Zoll; Weite des Sitzes, 18 Zoll.

Geht durch eine 28 Zoll weite Thür. Preis $31 per Stück.

No. 345.

No. 355 Lehnbarer Rollstuhl für Invaliden. Dieser Stuhl ist einer der populärsten Lehn-Rollstühle welche fabricirt werden und enthält alle neuesten Verbesserungen.

Die lehnende Stellung ist repräsentirt durch Figur No. 356. Der Stuhl kann in irgend eine Position durch eine kleine Anstrengung des Insassen gebracht werden; eine

No. 355.

No. 356.

Handhabe, welche leicht mit der rechten Hand zu ergreifen ist, kann in solcher Weise bewegt werden, um den Stuhl in irgend eine Position zu bringen und darin festzuhalten.

Die Räder haben Hand-Rims für den Straßengebrauch. Die Radbänder sind halb-rund. Das Fußbrett klappt aufwärts gegen den Fuß und kann als Tritt beim Ein- und Aussteigen benutzt werden.

Höhe der Rücklehne vom Sitz, 34 Zoll; Weite des Sitzes, 19 Zoll; Tiefe des Sitzes von vorne nach hinten, 19 Zoll; Höhe des Sitzes vom Boden, 20 Zoll; Höhe des Sitzes vom Fußbrett, 17 Zoll; Höhe der Armlehnen oberhalb des Sitzes, 9½ Zoll; Höhe der Räder, 30 Zoll.

Gewicht des Stuhles, ungefähr 60 Pfund. Roll-Rad, 10 Zoll im Durchmesser. Geht durch eine Thür von 29 Zoll Weite.

Preise: Eichenholz, mit Rohrgeflecht, $34; schwarz Wallnuß, mit Rohrgeflecht, $37; Eichenholz, gepolstert mit ganz wollener Terry, Haartuch oder Teppich, Springfedern im Rücken und Sitz, $42; schwarz Wallnuß, gepolstert mit ganzwollener Terry, Haartuch oder Teppich, Springfedern im Rücken und Sitz, $45. Gepolsterte Stühle sind mit gepolsterten Armlehnen und Rohrgeflecht in den Fußbrettern versehen. Gepolsterte Fußbretter, $2 extra.

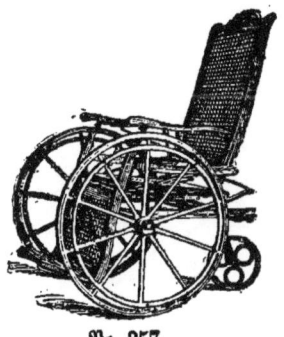

No. 357.

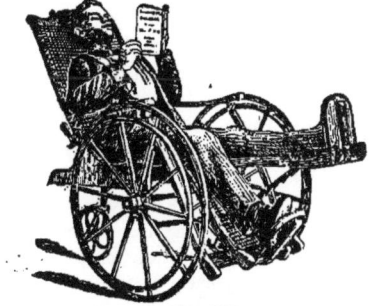

No. 358.

No. 357 ist derselbe wie No. 355 und 356, nur mit dem Unterschied, daß elliptische Stahlfedern zwischen Sitz und Gestell placirt sind, wodurch das Stoßen bei'm Fahren über unebenen Boden gehoben und derselbe für den Straßengebrauch angenehmer wird.

Preis, $3 als Zuschlag zu dem für No. 355 und No. 356 gegebenen Preise.

No. 358 ist ebenfalls derselbe wie No. 355 und 356, mit zwei separirten Fußbrettern, welches für solche Personen geeignet ist, die für jeden Fuß eine besondere Ruhe-Position wünschen. Der Insasse hat die Controlle über jedes dieser Fußbretter. Dieselben haben nicht allein den Vorzug, daß sie in einen beliebigen Winkel gestellt werden können, sondern sie können zur Bequemlichkeit von längeren Beinen auch verlängert werden. Preis, $5 mehr als der angegebene Preis für No. 355 und 356.

Wir haben ebenfalls Stühle von kleineren Dimensionen, welche passend für Kinder sind.

Bei Bestellungen benutze man, um Irrthümer zu vermeiden, die vorstehenden Nummern.

Addressire: A. A. MARKS,
701 Broadway, New York City.

Mit der Hand bewegliche Dreiräder.

Eine Person, welche auf den Gebrauch von Krücken angewiesen ist, wird in diesem Dreirad ein angenehmes Beförderungsmittel finden, um längere oder kürzere Distanzen zu fahren. Der Gelähmte, oder wer soeben eine lange Krankheit überstanden, werden in diesem Dreirad eine gesunde und heilsame Bewegung finden, welche die angegriffenen Theile ihrer natürlichen Thätigkeit wieder zuführen wird.

No. 379 ist mit zwei Trittbrettern und einem Handhebel versehen. Dieses Fahrzeug ist für eine Person bestimmt, welche nur den theilweisen Gebrauch beider Füße hat. Der Hebel kann nach Belieben an die rechte oder linke Seite placirt werden. Diese Maschine kann auf ebenem Boden mit einer Hand in Bewegung gehalten werden und wenn es nothwendig wird, so können auch die Füße zur Mithülfe herangezogen werden.

No. 379.

In Fällen von schwachen Beinen wird sich eine heilsame Wirkung durch das Treten dieser Fahrzeuge sehr bald zeigen. Preis, $50.

No. 380 wird durch eine Hand und einen Fuß bewegt. Bei Bestellung vergesse man nicht zu bestimmen, ob die Maschine für die rechte oder linke Hand, für den rechten oder linken Fuß gemacht werden soll, sie wird dann nach Wunsch gefertigt werden. Es ist ersichtlich, daß einer Person, deren eines der Beine krankhaft, das andere sich aber in normalem Zustande befindet, diese Maschine von großem Werth ist, denn sie giebt ihr Gelegenheit, sich leichte

No. 380.

und wohlthuende Bewegung zu machen, ohne daß das krankhafte Bein im Mindesten angegriffen wird. Preis, $50.

No. 381

No. 381 wird mit beiden Händen fortbewegt und mit den Knien gesteuert.

Das Fußbrett ist in solider Weise angebracht. Diese Maschine ist im Stande einen Mann von Zweihundert Pfund Gewicht zu tragen und, wenn nothwendig, kann dieselbe so hergestellt werden, daß ein Mann von mehr als Zweihundert Pfund dieselbe benutzen kann. Preis (ohne hohe Rücklehne und Armlehnen, wie repräsentirt) $50.

No. 383 ist mit zwei von einander unabhängigen Triebrädern versehen. Dieselben werden durch Kurbeln und damit verbundene Ketten in Fortbewegung gesetzt. Das Fußbrett ist sehr niedrig placirt, damit die betr. Person leichter und bequemer ein- und aussteigen kann. Das andere Rad operirt gleich einem Steuerrad und der Hebel ruht in einer Gabel, wie in der Abbildung zu ersehen ist. Die Maschine wird dadurch gelenkt, daß auf die eine Kurbel mehr Druck als auf die andere ausgeübt wird und das Vorderrad die Bewegung bedingt; die Gabel und der Hebel verhindern eine zu plötzliche Drehung. Diese Maschine hat mehr Kraft und ist besser im Stande, steile Flächen hinaufzufahren, als irgend eine der Hebelmaschinen, ist aber viel langsamer. Sie ist indeß noch viel schneller als der gewöhnliche Rollstuhl für Invaliden. Preis, $60.

No. 383.

Die Sitze in allen diesen Dreirädern können nach irgend einer Höhe justirt werden. Zur Placirung für Krücken wird ebenfalls unentgeltliche Vorrichtung getroffen werden, wenn so bestellt.

Diese Dreiräder haben 36zöllige Hinterräder und 18zöllige Vorderräder mit ganz Gummireifen. Andere Größen werden auf Bestellung fabrizirt. Irgend eines dieser Dreiräder kann mit hoher Rücklehne und Armlehnen versehen werden, wie in der Abbildung No. 381, wenn dies gewünscht wird, die Kosten sind nur $1.50 mehr als der gewöhnliche Preis der Maschine.

Bei Bestellungen gebe man die Nummer der Abbildung.

Adressire:

A. A. MARKS,

No. 701 Broadway,

NEW YORK CITY.

Vergleichende Tabelle ausländischer Münzen.

Die Preise, welche in diesem Buche gegeben sind, beziehen sich auf das Geld der Vereinigten Staaten. Unsere Geschäftsfreunde können uns bei Zahlungen Geld ihres Landes schicken, oder anderes, wenn ihnen das bequemer ist.

Die folgende Tabelle kann ihnen behülflich sein, den Betrag auszufinden.

Die Tabelle ist Aenderungen je nach dem Stande der Wechselraten unterworfen.

Geld der Ver. Staaten.	England.			Frankreich.		Deutschland.		Spanien		Italien.		Mexiko.		Brasilien.	
Dollars. Cents.	Pfunde.	Schillinge	Pence.	Franken.	Centimen.	Mark.	Pfennige.	Peseta.	Centesimos	Lire.	Centesimi.	Pesp.	Centavos.	Milreis.	Reis.
100 00	20	11	6	519	40	421	05	521	25	525	00	129	87	333	333
75 00	15	8	8	389	53	315	79	390	94	393	75	97	40	250	000
65 00	13	7	6	337	59	273	68	338	81	341	25	84	41	216	650
50 00	10	5	9	259	69	210	53	260	62	262	50	64	94	166	666
40 00	8	4	7	207	75	168	42	208	50	210	00	51	95	133	333
35 00	7	4	0	181	78	147	37	182	44	183	75	45	45	116	665
30 00	6	3	6	155	81	126	32	156	37	157	50	38	95	100	000
25 00	5	2	11	129	84	105	26	130	31	131	25	32	47	83	333
20 00	4	2	4	103	87	84	21	104	25	105	00	25	97	66	666
15 00	3	1	9	77	90	63	16	78	19	78	75	19	50	50	000
10 00	2	1	2	51	94	42	10	52	12	52	50	12	99	33	333
5 00	1	0	7	25	97	21	05	26	06	26	25	6	49	16	666
2 00		8	3	10	39	8	42	10	42	10	50	2	60	6	666
1 00		4	2	5	19	4	21	5	21	5	25	1	30	3	333
50		2	1	2	59	2	10	2	61	2	63		65	1	666
25		1	0½	1	30	1	05	1	30	1	31		32		833
10			5		51		42		52		52		13		333
05			2½		26		21		26		26		065		167

Beförderungspreis für künstliche Glieder von der Stadt New York nach irgend einem Theile der Welt.

Die Kosten des Transports von künstlichen Gliedern von der Stadt New York nach irgend einem Theile der Welt ist so gering, daß dies kein Grund sein kann, Jemand zu verhindern, sich ein vorzügliches Glied anzuschaffen. Unsere Methoden, künstliche Glieder zu konstruiren und unser System des Passendmachens nach Maß, zusammen mit unserer Garantie, sichert so viele Vortheile, daß für Invaliden die Entfernung gar nicht in Frage kommen kann.

Ein künstliches Bein kann nach irgend einer Eisenbahnstation östlich vom Mississippi Fluß für von 25 Cent bis $1.50 gesandt werden; und nach irgend einer Eisenbahnstation westlich vom Mississippi für von 75 Cts. bis $3.00. Nach canadischen u. britischen Besitzungen in Amerika für von 55 Cent bis $3.75. Neufundland $2.50. Nach irgend einer großen Stadt oder einem Hafen in Europa, Mexico, Central- und Süd-Amerika und den Inseln des Atlantischen Ozeans, von $1.50 bis $5.50, und nach allen größeren Häfen der Welt von $6 bis $11.

Bureau und Fabrik nach der am 1. August, 1891 stattgefundenen Vergrößerung. Das ganze Haus No. 701 Broadway, Stadt New York, einnehmend.

Das Gebäude, welches durch Abbildung 347 repräsentirt ist, befindet sich an der Westseite von Broadway nahe der Ecke der vierten Straße; es hat eine Front von fünfundzwanzig Fuß und bedeckt eine Bodenfläche von hundert Fuß Tiefe. Es besteht aus fünf Etagen, mit Basement und unterem Keller. Der untere Keller wird als Lagerraum von Gypsmatrizen, Modellen, Kisten u. s. w. benutzt. Das Basement wird benutzt für Packen und Verschicken von künstlichen Gliedern und anderen Waaren, zum Empfangnehmen von Vorräthen und Rohmaterial.

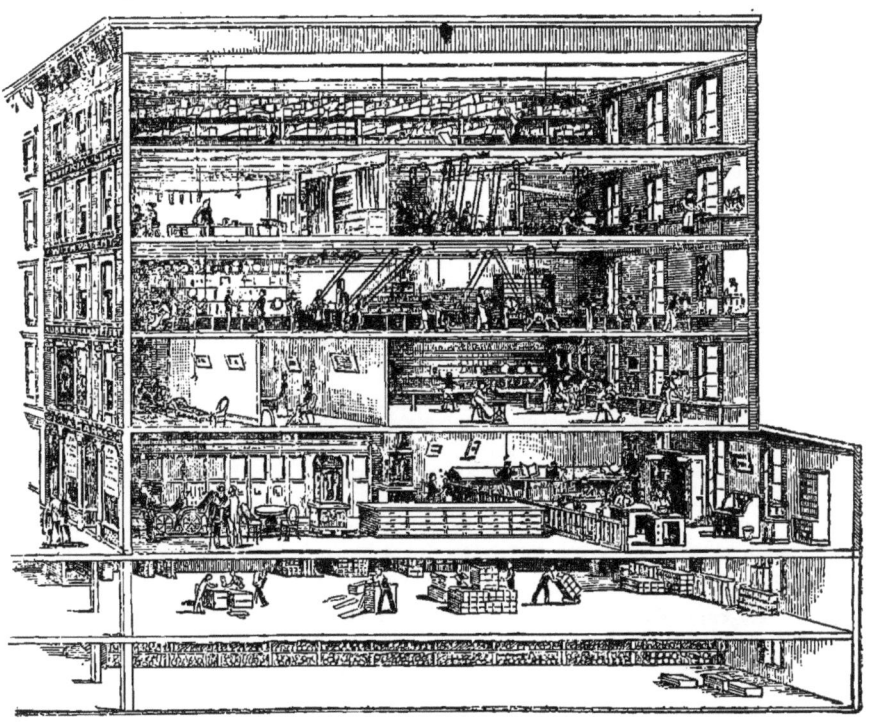

No. 347.

Der Laden liegt eben mit dem Trottoir; derselbe ist ausgestattet als ein Ausstellungsraum, ein Empfangszimmer und ein Bureau. Derselbe enthält ebenfalls besondere Räume für Maßnehmen und Anpassen. Das Arrangement ist so getroffen, um den Kunden das Treppensteigen zu ersparen. Die zweite Etage enthält den Fertigstellungsraum und weitere Räume für Anpassen und Empfang, ebenfalls ein Krücken-Departement. Die dritte Etage ist ganz den Holzarbeiten eingeräumt. Die vierte Etage enthält die Maschinerie, Strick- und Lager-Departement. Die fünfte Etage wird benutzt für die Lagerung von Holz u. s. w.

Höchste Auszeichnung, Columbus-Weltausstellung, Chicago, Jll., 1893.

Die Schaustellung von künstlichen Gliedern auf dieser denkwürdigen Ausstellung muß als eine der reichhaltigsten und vielseitigsten betrachtet werden, welche je unter einem Dache vereinigt wurde. Neun verschiedene Fabrikanten waren hier vertreten, um mit einander zu concurriren.

Der Raum, welcher der Firma A. A Marks zugetheilt worden war, umfaßte einhundert und achtzig Quadratfuß. Auf dieser Fläche waren vier große Schaukästen placirt, gekrönt mit einem vergoldeten Dome und überragt von einem kolossalen goldenen Beine. Von der Spitze dieses goldenen Beines bis zum Boden betrug die Distanz fünfundzwanzig Fuß.

Die Schaukästen enthielten künstliche Beine und Arme für Amputationen in den Hüften, Schenkeln, Knieen, Beinen, Knöcheln, Schultern, Armen, Elbogen, Vorderarmen, Handgelenken, Händen und Fingern; ferner Apparate für Verlängerung kurzer Beine, für Stütze schwacher Knie und Knöchel und für Regulirung von Mißgestaltungen.

Die Ausstellung stand unter der Obhut einer jungen Dame, eine Studentin der Medizin, welche selbst ein künstliches Bein benutzte, wo die Amputation oberhalb des Knieces vorgenommen worden war. Diese Dame, welche umfassende Erfahrungen in dem Gebrauche künstlicher Glieder verschiedener Fabrikate hatte und mit allen Einzelheiten der Artikel gründlich bekannt war, unterhielt und belehrte Tausende, welche die Ausstellung besuchten. Sie wurde zeitweilig von Personen unterstützt, welche Paare von künstlichen Beinen mit Gummifüßen benutzten.

Die Gegenstände behandelnde Drucksachen in englischer, spanischer, französischer und deutscher Sprache wurden in liberalster Weise vertheilt.

Die Preisrichter, welche zur Prüfung künstlicher Glieder ernannt worden waren, gingen mit mehr als gewöhnlicher Sorgfalt und Gewissenhaftigkeit zu Werke. Folgendes ist eine Zusammenstellung der Punkte, für welche wir die Vorzüglichkeit unserer künstlichen Glieder beanspruchten und den Preisrichtern zustellten:

Künstliche Beine.

Erstens.—Gummi-Fuß. (a) Seine nahe Uebereinstimmung mit den Bewegungen und Stellungen des natürlichen Fußes bei'm Stehen, Gehen, Laufen, Auf- und Absteigen von Treppen und Bodenerhöhungen u. s. w.

(b) Seine Dauerhaftigkeit und Leichtigkeit; die anschmiegenden und elastischen Eigenschaften geben die Bewegung, ohne einen Mechanismus nothwendig zu machen; das Nichtvorhandensein dieses Mechanismus kommt der Stärke und Leichtigkeit zu Gute.

(c) Phalangeale Unterstützung. Die Methoden der Construktion und Verbindung mit dem Körper des Beines sind in jedem Falle derart, daß sie eine Unterstützung vom vorderen Theile des Fußes aus bei'm Gehen gewähren, zu gleicher Zeit auch die Höhe und Position des Gehenden aufrecht erhalten, wie dies bei dem natürlichen Fuße der Fall ist; die Bildung der phalangealen Unterstützung verhütet das Hinken und benimmt dem Stehenden die Furcht nach vorne überzufallen.

(d) Die Elasticität des Gummis bedingt eine mittlere Bewegung bei'm Auftreten und verhütet Stöße und Erschütterungen gegen den Stumpf.

Zweitens.—Knie-Gelenke. (a) Die Construktion von Knie-Gelenken ist derart, daß dieselben adjustirt werden können und damit das durch Reibungen erzeugte Geräusch vermieden wird.

(b) Die Position der Kniefeder, welche der Verlängerung des unteren Beines dient ist eine solche, daß sie in Unthätigkeit kommt, sobald das Bein zu einem gegebenen Grade gebogen ist; dies verhütet, daß sie „ausspringt" aus dem unteren Beine, sobald die Person sich gesetzt hat und nicht weiter darauf achtet.

(c) Sicherheitsverschluß. Dieser angefügte Theil ist mit dem Kniemechanismus verbunden und verhütet eine unbeabsichtigte Biegung des Kniees, und beugt somit gefährlichen Fällen vor.

Drittens.—Die Produktion von wasserdichten Beinen von natürlich gekrümmtem Holz mit daran befestigten Gummi Füßen. Diese Methode liefert künstliche Beine für Bergleute, Fischer, Holzhauer und für solche Personen, welche in feuchten oder nassen Plätzen zu arbeiten, zu stehen oder zu gehen haben, ohne daß dadurch das Bein beeinträchtigt wird.

Viertens.—Aluminium-Hülsen, speciell bestimmt für bis zum Knöchel oder zum Fuß sich erstreckende Stumpfe, anatomisch bekannt unter der Bezeichnung tibeo-tarsal, medio-tarsal und torso-metatarsal-Amputationen.

(a) Die Produktion einer Hülse, welche dem Fuße genau angepaßt werden kann, ohne die weicheren Theile des Stumpfes schmerzlich zu berühren, gleichzeitig hinreichende Stärke besitzend, um die Person zu stützen, gleichviel in welcher Stellung sich dieselbe befindet.

(b) Die Construktion einer Hülse, welche die erforderliche Stärke besitzt, ohne auffallende Vergrößerung der Extremität eines knollig auslaufenden Stumpfes.

Fünftens.—Rollen-Traggurte. Der Zweck dieser Methode, um ein künstliches Bein zu tragen ist, das Verschieben und Reiben der Schultergurte zu verhindern. Die Rollen, an den Seiten des Beines angebracht, erlauben die Bewegungen auf den Rollen und nicht auf der Schulter.

Künstliche Arme.

Erstens.—Die Gummi-Hand. (a) Da dieselbe aus Gummi gefertigt, ist sie angenehm und natürlich in der Berührung und dauerhaft in der Construktion.

(b) Da die Finger biegsam sind, können dieselben in irgend eine gewünschte Position gebracht werden.

(c) Da die Handfläche mit einer Schluß-Hülse versehen, ist dieselbe fähig, zu benutzende Geräthe fest zu halten.

Zweitens.—Die Möglichkeit, die Hand vom Gelenk zu entfernen, wenn dies zu Arbeitszwecken nöthig erscheint.

Drittens.—Rotation der Hand am Gelenk, um Vorsorge für Vor- und Rückbiegung zu treffen.

Viertens.—Das Elbogen-Gelenk mit Verschluß, um den Arm in einer gebogenen Stellung zu halten.

Fünftens.—Finger und Theile der Hände aus Gummi gefertigt, um Finger und Theile der Hände zu ersetzen, wenn dieselben amputirt wurden.

Sechstens.—Rotation der Hülse des Oberarms.

Der Bericht der Preisrichter war eine Bestätigung der obigen Ansprüche.

Der Bericht war von den nachfolgenden Preisrichtern unterzeichnet: Jennie McCowen, M. D., R. Buerz, J. H. Gore.

In Uebereinstimmung mit dem Bericht der Preisrichter wurde der höchste Preis (Medaille und Diplom) zu Gunsten von A. A. Marks, 701 Broadway, New York, erklärt.

Dies macht die große Anzahl von vierundzwanzig (24) höchste Preise, welche der Firma A. A. Marks für künstliche Beine und Arme mit Gummi-Händen und -Füßen, verliehen wurden.

ENGLISH.

We will be pleased to send, free of charge, to anyone interested, a book on the subject of artificial limbs with rubber hands and feet, printed in any of the following languages : English, French, Spanish or German. Address :

A. A. MARKS, 701 Broadway, New York, U. S. A.

FRENCH.

Nous nous ferons un plaisir d'expédier, franc de port, à tout intéressé, un ouvrage qui traite des membres artificiels avec mains et pieds en caoutchouc, imprimé soit en anglais, français, espagnol ou allemand. Adressez :

A. A. MARKS, 701 Broadway, New-York, E.-U. d'A.

SPANISH

Tendremos el gusto de enviar, franco de porte, á los interesados, un libro que trate de los miembros artificiales con pies y manos de caucho, impreso en cualesquiera de los idiomas siguientes : inglés, francés, español ó alemán. Dirigirse á

A. A. MARKS, 701 Broadway, New York, E. U. A.

GERMAN

Es wird uns Vergnügen machen, Jedem, der sich dafür interessirt, ein Buch über künstliche Glieder mit Gummi-Händen und -Füßen, gedruckt entweder in englischer, französischer, spanischer oder deutscher Sprache, kostenfrei zu übersenden. Man addressire :

„A. A. Marks, 701 Broadway, New York, Nord-Amerika."